マスターズで勝つ!
大人の卓球

戦術とテクニックを磨く

長谷部 攝 監修

 協力

「卓球は何歳でも、
何歳からでも
強くなれる！」

はじめに

　この本は、卓球が大好きで、卓球の上達を目指すシニア・レディースの皆さんを対象としています。

　近年、私は神奈川県を中心としてシニア・レディースの皆さんを対象とした講習会を開催させて頂いています（右ページ写真）。

　各地の講習会で感じることは、知らないこととミスの原因、上達のための改善点が皆さん共通だということです。

　この本では、その共通点をテーマご

とにお伝えしています。そして、上達するための練習のポイントと練習方法を明示し、卓球が大好きな皆さんの役に立つこと、皆さんに上達していただくことがこの本の目標です。

　卓球は、必要な知識を知り、技術上達のためのポイントをおさえ、練習内容を工夫することで「何歳でも、何歳からでも強くなれます！」

　この本は、卓球の技術だけにとらわれず、ラケット・ラバーの基礎知識、ステップアップするための練習方法、

ダブルス、戦術、メンタルにも触れました。

　また、皆さんから質問として多く寄せられる粒高ラバー対策、カット対策、ツッツキ打ち、ドライブの回転のかけ方なども説明しています。シニア・レディースに限らず、卓球に打ち込み、上達を目指す皆さんにとって必ず役に立つ内容になっていると思います。

　卓球に打ち込むことで、人とのつながりを感じることができます。心身の健康を得ることもできます。練習・試合・講習会から充実感・達成感・成長のためのチャンス・新しい出会いを得ることもできます。

　この本をお読み頂いている皆さんにとりまして、卓球が、身体を動かす喜びと健康の増進、ストレスの解消、さらに笑顔で人生を生きる楽しみ・生きがいとなることを心から願っています。

長谷部攝

この本の使い方

この本では、卓球を上達するためのテクニックや練習法を紹介しています。

競技カテゴリーとしては、マスターズになる「シニア」「レディース」といった中高年や高齢者世代の競技者に必要な基本的な技術、試合で使える応用技術、日頃から実践できる練習まで、順序よく身につけることでレベルアップができます。

最初から読み進めることが理想ですが、「ここが気になる」「どうしてもマスターしたい」というテクニックがあれば、そこだけをピックアップすることもできます。各項目では、テクニックをマスターするためのコツとポイントをあげていますので、参考にして取り組んでください。

タイトル

テクニック名や身につけられる目的が一目でわかり、レベルアップのためのコツを理解することができる。

コツ
02

シニア・レディースの楽しみ方
ランクアップを励みに上達を目指す

年齢やレベルに応じて楽し
シニア・レディースの卓球

地域にある団体のランク戦で勝つ喜び

卓球の楽しみ方は、本格的な競技志向の選手はもちろん、ストレス発散や体を動かす喜び、社会参加、人とのつながりに重きを置く選手もいる。

初心者の場合は、ラリーが長く続いた、技能やスキルが上達しているという達成感や充実感などがプレーする楽しみにつながっている。

また地域にある卓球団体ンキングを設け、選手をレル別に A や B、C、D、E がクづけしている。

団体の大きさにもよるが規模の場合、各ランクにが所属し、同じレベルの選をすることができる。

12

解説文

テクニックについての基本的な知識や体・ラケットの動かし方などを解説。しっかり頭で整理し、練習に取り組むことでレベルアップすることができる。

PART1 卓球は何歳からでも上達できる！

同じレベルの
相手と腕を競う

　自分が所属するランクのなかで好成績をあげれば、ランクがアップする仕組みとなっている。したがって、自分の実力に応じた目標を立てることができ、同程度のスキルの選手と卓球の腕を競うことができる。

目的にあったスタイルで
卓球を楽しむ

　誰でも技術の習得や戦術を磨いて、卓球レベルやランクを上げることができる。「人とのつながりを大事にしたい」「ラリーを楽しみたい」という選手は、練習後のランチやカフェなどのアフターに重きを置く楽しみ方もある。

ケアを怠らず体と
相談してプレーする

　体のどこかが痛いという人が、卓球で無理したときにケガにつながる。自分の体調と相談しながら卓球することが大切。医師など専門家のアドバイスを聞いて、サポーターをつける、終わった後にアイシングや湿布をするなどケアを怠らない。

質の高い練習を
効率よく行う

　練習は学生時代のように、多くの練習量をこなしたり、長い時間を卓球に割くことはできない。短い時間のなかで、効率よく質の高い練習を行うこと、常にコンディションにも気をつけて故障しないことがスキルアップのコツ。

13

ステップUP 練習法　ステップアップ練習法

紹介するテクニックの練習例を提示。1つのコースで5~10本続けられる基礎力をつけたら、コースを打ち分けたり、いろいろなボールに対応できるように練習内容の難易度を上げて、判断力と対応力を身に付けてレベルアップする。レベルに合わせて目標の本数の設定を下げてもOK。

CONTENTS

PART6　弱点を克服するためのQ&A

PART7　ダブルス強化の考え方と練習法

PART 1

卓球は何歳からでも
上達できる！

大会や試合にチャレンジして卓球の腕を競う

大会には日本卓球協会や各自治体、
メーカーなどが開催するものがある。

40歳以上の選手が活躍する「シニア・レディース」

　日本卓球協会が定める競技年齢の
カテゴリーは複数あり、中学2年以
下のカデットや高校2年以下のジュ
ニアの部をはじめ、国内のトップ選
手や社会人、大学、高校生を対象と
した一般の部などがある。

　マスターズの部は、その上のカテ
ゴリーであり、30歳以上が対象とな

り、特に40歳以上の男性は「シニア」、
女性は「レディース」という総称で
通常は呼ばれている。競技レベルは
高い技術を持つアスリートクラスの
選手はもちろん、卓球経験もなくは
じめた初心者の選手などさまざま。
各自が競技力に応じたオープンの大
会やランク戦などで腕を磨いている。

ポイント 1

シニア・レディースならではの技術＆戦術で好成績を収める

　40歳以降も卓球を楽しむことができる。とりわけ熟練した技術と戦術的な視野に長けた選手は、試合においても好成績を収めている。日本卓球協会や各自治体、メーカーが開催する大会や試合は、多くの卓球愛好家が集まっている。

ポイント 2

サークルやチームをつくって卓球を楽しむ

　選手たちは、自治体にある体育館や公民館を利用して練習している。このような選手たちは、サークルやチームをつくって卓球を楽しんでいるのも特徴のひとつ。シニア・レディースを取り巻く卓球環境は、決して少なくはない。

ポイント 3

卓球道場でコーチングを受けてレベルアップする

　腕に覚えがある、決まった練習パートナーがいる選手などは、時間貸しの卓球場なども利用する。民間の卓球道場では、トップレベルの競技経験がある指導者がコーチングし、練習相手や球出しなどを行ってくれる。

＋1

自治体やメーカーが主催する講習会に出る

　上達方法のひとつとして、自治体やメーカーが主催する講習会への個人参加も有効な手段。主催者に問い合わせてみよう。講師がトップ選手の指導経験をもとに、シニア・レディースの選手たちにわかりやすくアドバイスしてくれる。

ランクアップを励みに 上達を目指す

年齢やレベルに応じて楽しめるのが、
シニア・レディースの卓球の特徴。

地域にある団体のランク戦で勝つ喜びを知る

卓球の楽しみ方は、本格的な競技志向の選手はもちろん、ストレス発散や体を動かす喜び、社会参加、人とのつながりに重きを置く選手もいる。

初心者の場合は、ラリーが長く続いた、技能やスキルが上達しているという達成感や充実感などがプレーする楽しみにつながっている。

また地域にある卓球団体では、ランキングを設け、選手を技能やスキル別に A や B、C、D、E などのランクづけしている。

団体の大きさにもよるが、100人規模の場合、各ランクに 20 人ほどが所属し、同じレベルの選手と試合をすることができる。

ポイント1

同じレベルの
相手と腕を競う

　　自分が所属するランクのなかで好成績をあげれば、ランクがアップする仕組みとなっている。したがって、自分の実力に応じた目標を立てることができ、同程度のスキルの選手と卓球の腕を競うことができる。

ポイント2

目的にあったスタイルで
卓球を楽しむ

　　誰でも技術の習得や戦術を磨いて、卓球レベルやランクを上げることができる。「人とのつながりを大事にしたい」「ラリーを楽しみたい」という選手は、練習後のランチやカフェなどのアフターに重きを置く楽しみ方もある。

ポイント3

ケアを怠らず体と
相談してプレーする

　　体のどこかが痛いという人が、卓球で無理したときにケガにつながる。自分の体調と相談しながら卓球することが大切。医師など専門家のアドバイスを聞いて、サポーターをつける、終わった後にアイシングや湿布をするなどケアを怠らない。

+1（プラスワン）

質の高い練習を
効率よく行う

　　練習は学生時代のように、多くの練習量をこなしたり、長い時間を卓球に割くことはできない。短い時間のなかで、効率よく質の高い練習を行うこと、常にコンディションにも気をつけて故障しないことがスキルアップのコツ。

スイングのメカニズム

スイングの基本に立ちかえり、悪癖を正す

バックスイングでは、しっかり体が捻じれていることがポイント。

基本のスイングの流れを再チェックする

　人間の筋力は年齢とともに低下し、柔軟性も低くなる。卓球を長年プレーしている選手も例外でなく、ラクなフォームで打球することにより悪癖で凝り固まってしまうことがある。これは初心者にもいえることで、最初に悪いフォームを身につけてしまうと、指導者がアドバイスしても、思うように矯正することが難しくなってしまう。

　そうならないためにも、基本に立ちかえり、スイングの流れをチェック。スイングのメカニズムを再認識し、体に感覚を覚え込ませることで年齢と筋力に合った理想のフォームを手に入れることができる。

ポイント 1

体の正面で
ラケットを振る

　スイング中は、体の正面でラケットを振ることがポイント。バックスイングで腰がまわっていないと、小さなスイングとなるだけでなく、手打ちになったり、インパクトでボールをぶつけにいくようなスイングになってしまうので注意。

ポイント 2

捻じりでためたパワーを
振り切って開放する

　バックスイングで蓄積したパワーをインパクトでボールに伝え、最後までしっかり振り切ることが大切。卓球は「ラケットを振る競技」という原則にかえって、バックスイングからフォロースルーまでの一連のスイングをイメージしよう。

ポイント 3

フリーハンドを使って
スイングのバランスをとる

　スイング中に体がぐらついてしまうと、ミスショットにつながる。スイング中に体のバランスをしっかりとることが最重要ポイント。フットワークや体幹の筋力の強さに加え、フリーハンドをしっかり使うことでスイング全体のバランスを整える。

プラスワン +1

カメラ動画におさめて
フォームをチェックする

　力みや筋力の低下、ミスを恐れるあまり、知らず知らずにフォームが小さくなる傾向がある。スマートフォンなどのカメラ動画を使って自分のスイングをチェックしよう。自分のスイングを客観視することができる。

凝り固まった理解をほぐし、正しいフォームでのぞむ

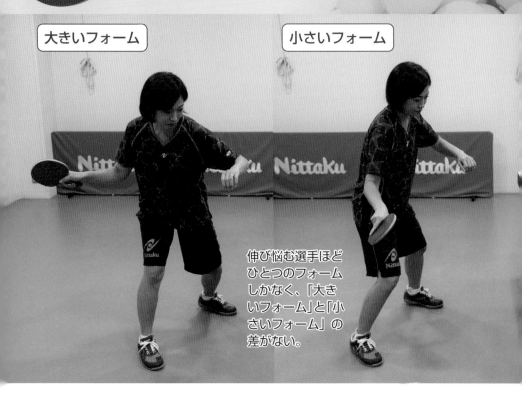

大きいフォーム

小さいフォーム

伸び悩む選手ほどひとつのフォームしかなく、「大きいフォーム」と「小さいフォーム」の差がない。

頭を切り替えて、極端に取り組んでみる

実力的に伸び悩むシニア・レディースの選手の多くは、状況に応じたテクニックの引き出しが少ない。極端にいえば、相手のボールに対して、ひとつの打ち方しかできないということもある。

実際はボールの回転やコース、長短、自分の体勢によっても打ち方が変わる

ということを理解することが大事だ。基本のフォアハンドストロークにおいても、「小さいフォーム」と「大きいフォーム」に差がないこともある。指導を受けるときに「大きく」または「小さく」と言われたときは、アドバイス通り、極端にスイングを変えるイメージが必要だ。

練習時から
意識して取り組む

　「大きいフォーム」「小さいフォーム」という言葉は理解できるが、実際に自分の頭で整理し、体で表現することは難しいもの。頭で理解したことは、体にしっかり覚え込ませる必要がある。それには練習からの意識づけがポイント。

極端に実践しないと
悪癖は改善しない

　バックスイングでは、ラケットを内側に向けないことが基本となる。左写真のように極端に手首を立てるぐらいにしないと、右写真のような悪癖は改善しない。しっかり頭で理解して、改善点を明確化して練習に取り組む。

指導者のアドバイスを
頭のなかで理解する

　バックスイングを引き、そのパワーをインパクトで上手に伝えないと、ボールに威力と安定性は生まれない。指導者から「体が捻れていない」「手打ちになっている」というアドバイスがあったときは、自分が悪い例（写真）になっていることが多い。

凝り固まった理解は
上達をストップする

　指導者のアドバイスを受け、自分の弱点を理解していても、取り組む練習が、テーマと合っていなかったり、改善点に着手しない練習内容では、時間の無駄になってしまう。凝り固まった理解、間違ったままの理解、気持ち良いだけの練習では上達はのぞめない。

コツ 05

課題をクリアするための 練習内容にする

ラリー重視の練習だけでは上達しない。
実際の試合ではサーブやレシーブが勝敗
を大きく左右する (写真はフォア側半面
オールの練習)。

総合力と対応力を強化する

シニア・レディースの選手 (指導者も含む) に対するアンケートでは、「相手への対応、戦い方を知りたい」という声が多くある。しかし、練習では毎回同じメニューばかりをこなし、ゴルフでいうなら『打ちっ放しのドライバー』ばかり練習している選手もいる。これでは上達しない。実戦

には、アプローチやパターといった小技のテクニックも重要だ。

またアンケートでは、「ツッツキ」「サーブ」「レシーブ」を上達したいという声も多い。回転に対する対応力とサーブ・レシーブからの攻撃や守備の重要性を理解していることがわかる。

写真は、実戦に特化したカットマンのミドル攻撃への対応練習。

単一的な練習
メニューの見直し

同じフォームでラリーを続ける、同じピッチで返球するなど、単一的な練習メニューになってしまうのはNG。練習のなかでショットに変化をつけて、状況に応じた対応ができるようトレーニングする。

サーブやレシーブの
練習に積極的に取り組む

ラリーが続いてもサーブが切れない、ツッツキがうまくできないということも。卓球はコントロールやスピード以外にも回転が重要視される競技。にもかかわらず、サーブやレシーブの練習に多くの時間を割かないことは上達を阻害する。

練習の難易度を
段階的にアップする

ラリーの練習にしても「コースを狙う」「不規則性を入れる」「回転を入れる」などの実戦的な練習を行う。状況判断や対応力が必要な練習にシフトチェンジしていくことで、練習の難易度を段階的にアップする。

サーブからの3球目、
4球目を練習する

試合に勝つことを目標とするのであれば、サーブや3球目、レシーブからの4球目、6球目までを徹底的に練習する必要がある。5球目・6球目までの技術を練習することで、難易度は必然的にあがり、多彩なショットが打てるようになる。

ストレッチなど準備運動から
練習をスタートする

　熟練した選手に限って、練習はじめに軽いラリーからはじめてしまい、十分なウォーミングアップを行わないケースが多い。ストレッチはウォーミングアップによるケガの防止だけでなく、試合や練習後に行うことで、体を整える効果もある。

　激しく体を動かした後は、体の血液中に疲労物質が溜まる傾向がある。そのままにしておけば体に疲れが残り、翌日以降のコンディションに影響を及ぼすことがある。

　体を動かした後は、ストレッチでクールダウンすることにより、血液中の疲労物質を押し流す効果がある。個人で体調管理することも大切だが、ペアや練習パートナーを誘い合わせストレッチすることでコミュニケーションをはかることもできる。練習終わりにサークル全体で行うのも良いだろう。

PART2

打つ前のミスをなくして
台に向かう

卓球アイテム
正しい道具選びで
潜在能力を引き出す

卓球をはじめたばかり
なら初心者用を使って
も良いが、レベルが上
がったら、それに相応
しいラケットに替える。

フィーリングを大切にしながら道具を選ぶ

ラケットは、自分の競技レベルにあったもの、プレースタイルや戦型にあったものを使用する。判断基準で迷うなら卓球専門店や講習会で相談してみるのも良いだろう。

ある程度の力量があるにもかかわらず、軽いラケットを使っていたり、本来ならもっと切れるサービスやショットが打てるのに、古いラバーでプレーしている選手は、自分が持っているポテンシャルを発揮できていない。

今は技術の進歩で、卓球用具の進化が目覚ましい。フィーリングを大切にしながら、自分のやりたい卓球に合ったアイテムを使わないと、長所が生かせず、短所も改善されない。

試打して自分に合ったラケットを探す

　ラケットはペンとシェークの二種類がある。グリップの違いによりショットの特徴、ラケットの形状によりプレースタイルなどに違いが出る。メーカーが主催する講習会などでは、試打できることもあるので自分にあったラケットを探してみよう。

自分のプレースタイルに合ったラバーを選ぶ

　ラケットに貼るラバーの種類によっても、打球の勢いや変化に大きな違いが出てくる。スピードで勝負する選手が回転重視のラバーを使っては、特徴を生かし切れない。用具の正しい知識がないと、せっかくの能力も半減してしまう。

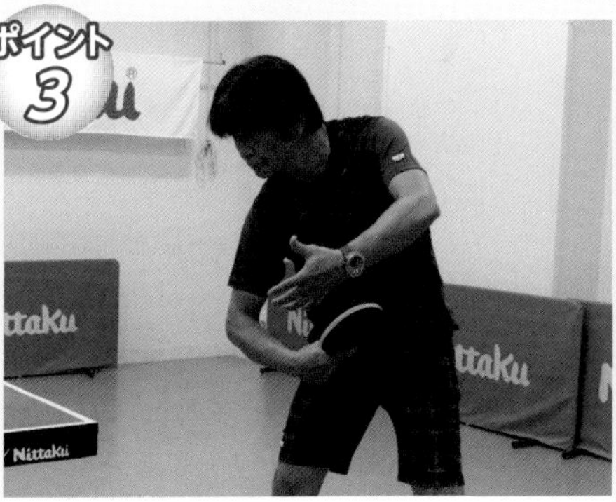

得意なプレーによって裏ソフトと表ソフトを貼りわける

　上達していくと、自分の得意なショットや戦型がある程度わかってくる。スピードで押していく選手は、表ソフトが適している。サーブで強い変化をかけたい選手やカットマンやオールラウンダーを目指す選手は、裏ソフトを貼るのが主流。

粒高ラバーを使うと他の戦型と違うプレーができる

　プレースタイルや、打ち方にもラバーは影響を与える。「粒高」といわれるラバーは、相手ショットの影響を受けにくく、無回転のようなボールを打てる。しかし自分からはドライブをかけたり、カットすることは難しいので、他の戦型とはプレースタイルが異なってくる。

ラケットとグリップ

ラケットの特徴を知って
プレースタイルに生かす

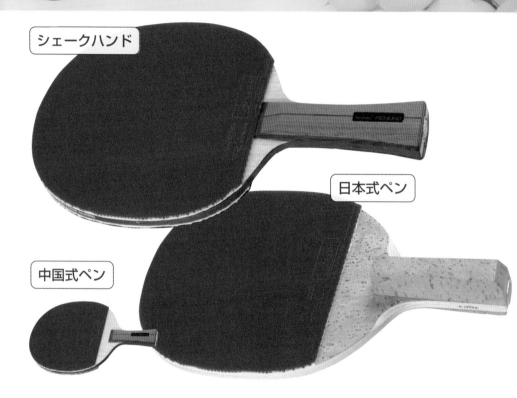

シェークハンド

日本式ペン

中国式ペン

2種類プラス1のラケットから合ったものを選ぶ

　ラケットには、シェークハンドとペンホルダーの2種類があり、まずはどちらかのラケットを選ぶことからスタート。近年はシェークハンドが主流だが、シニア・レディース世代ではペンフォルダーの割合も決して低くない。

　握手をするように握るシェークハンドは、両面で打つため、バックハンドがペンフォルダーと比べて打ちやすいという利点がある。

　ペンホルダーはペンを持つように握るため、手首が動きやすく、細かいプレーを行いやすいが、片面のバックハンドでは、シェークハンドに比べて難しい技術が必要となる。

ストレート型　　フレア型

角型　　　　　丸型

フィーリングを大事に
グリップを選ぶ

両面にラバーを貼って使用するシェークハンドラケットは、攻撃型(ドライブ主体)と守備型(カット主体)、両面のラバーの違いで相手を惑わす異質攻撃型に分けられる。スタイルやフィーリングに合わせてグリップの形をチョイスしよう。

重心位置の違いで
打球に違いを持たせる

日本式ペンラケットには、重心位置が先端よりにある角型とグリップ寄りにある角丸形がある。それぞれプレースタイルやプレーの領域、繰り出すショットに違いがある。近年ではペンフォルダーでも、両面にラバーを貼っている選手も増えている。

単板

合板(5枚)

特殊素材入り合板
(5枚合板＋特殊素材2枚)　　特殊素材

板の枚数で弾み方が変わる

ラケットのブレード部分は、概ね三種類の構造。一枚板でできている「単板」は、日本式ペンに多い。3枚、5枚、7枚などの「合板」は、枚数が多くなるほど弾みが強くなる。「特殊素材入り合板」は、板の間に特殊素材を挟むことで、弾みが良くなったり、スィートエリアを広げることができる。

弱点を補うペンの
両面ラバー

ラケットの長所と短所をわかったうえで練習することが大事。ペンフォルダーは片面ラバーのため、シェークハンドに比べてバックハンドの難易度が高い。ペンフォルダーでも裏面にラバーを貼った、中国式ペンを使うことで弱点を補う選手が増えている。

PART2　打つ前のミスをなくして台に向かう

コツ

08

ラバー

3 種類のラバーの特徴を 最大限に生かす

ラバーの特徴を理解していないと、相手ショットへの対応も後手にまわってしまう。

ゴム製のシートとスポンジを組み合わせたラバー

ラケットを横から見ると、シートと呼ばれるゴムの下にスポンジが貼ってあり、ここまでを「ラバー」と呼ぶ。

ひとことでラバーと言っても、多くの種類とそれぞれに特徴があり、ボールに与える効果も変わる。

なかでも、シートが平らで回転が

かけやすい「裏ソフト」、シートに粒がありスピードが出やすい「表ソフト」、粒がより長く、相手ボールの回転で変化をつけやすい「粒高」は、代表的なラバー。この中から、自分のプレースタイルと特徴に合ったラバーを選ぶことが大切だ。

ポイント 1

どんな戦型でもカバーしやすい 裏面ソフトラバー

　表面にツブがなく平らで、ボールに回転をかけやすく、またスピードも出る。そのため、ドライブ型やカット型の選手をはじめ、多くの選手に使用されているラバーである。ただし、相手の回転の影響を受けやすいので、ボールの見極めが大事。

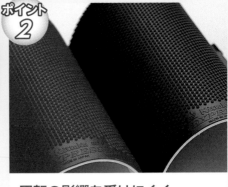

ポイント 2

回転の影響を受けにくく スピードが出る表ソフトラバー

　表面にたくさんの粒があるために、回転をかけるには技術が必要。しかし、球離れが早く、スピードが出るため、速攻型選手に好んで使用されている。相手の回転の影響を受けにくいという利点があるためコントロールがつけやすいのが特徴。

ポイント 3

不規則なボールが 打てる粒高ラバー

　表ソフトより、長くやわらかいツブがたくさんあり、相手ボールとは逆の回転をかけるなど、打ち方によって、不規則な変化を生むことができる。ただし、ツブが高くボールが弾みにくいために自分から回転をかけるのは難しい。

+1 ラバーの種類

裏ソフト	表ソフト
高性能回転系	スピード系
粘着系	回転系
初級者向け	変化系

半粒	粒高
攻撃タイプ	変化系
変化系	オーソドックスタイプ

細分化されたラバーの 特徴を理解する

　代表的なラバーである「裏ソフト」「表ソフト」「粒高」にも、それぞれ回転系やスピード系、変化系などの特徴がある。自分のプレースタイルにあったラバーをチョイスしよう。

コツ
09

グリップ

力を入れ過ぎずに 軽く握る

ペンフォルダー

裏面に接するのは中指だけ、あるいは
中指と薬指、小指までの3本でもOK。
基本的には指は伸ばさず、軽く丸める。

操作性アップのために余分な力を入れない

　ペンフォルダーは、横からえんぴつを持つようにして、力を入れず、遊びがでる程度に軽く握る。このとき、親指を深く入れすぎると手首が使いづらくなるため、ラケットに浅く乗せるイメージ。

　シェークハンドは、握手するように正面に手を出し握り、人差し指はラケットの面に軽く添える。このとき、引いたら抜けるくらいやわらかい力で握ることで、左右の動きにすばやく対処できるような、グリップに遊びをつくる。どちらも基本的に力を入れずに握り、打つ瞬間だけ力を入れることがポイント。

シェークハンド

ヘッドが上や下を向きすぎると力強く振れないので、少し先端が上がるくらいにして握る。

ポイント 1

カットマン

ポイント 2

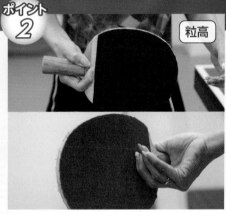

粒高

カットは小指メインに握り手首を柔らかく使う

　カットマンは基本的なシェークハンドの握り方と変わらない。手のひらと手の甲をラケットの面と合せ、小指をメインに握ること。親指や人差し指に力が入り過ぎると、手首が硬くなりカットを切りにくくなる。

粒高は人差し指を下にしてラケットを握る

　粒高ラバーのラケットは、やや指を丸めるようにして握る。台に近い位置でプレーするため、丸型のラケットが多く、「押し出す、吸収する」スイングがやりやすいよう、人指し指を下にして握る。

構え

構えからフットワークや スイングをスムーズに行う

ペン

肩幅より少し広め にスタンスをとる。

右足を少し引いて 前重心になる。

重心を前におき、前傾姿勢をとる

　正しい基本姿勢（＝構え）をしっかりととることで、スムーズなスイングやフットワークを行うことができ、ボールを効率よくとらえられる。

　シェイクもペンも同様の姿勢をとる。基本的に足は肩幅より少し広めにとり、利き腕側の足をやや後ろにさげ、ヒザを軽く曲げて、ツマ先に

重心を乗せる。上半身は前傾姿勢をとり、ワキを軽く締めること。

　ヒジは曲げてラケットをみぞおちの高さに構え、ラケット先端を相手に向ける。このとき、フリーハンドが、ラケットと対象にあるように意識しよう。シニア・レディースはラケットを低い位置に構えてしまうことが多いので注意。

シェークハンド

ラケットはみぞおちの高さに構える（台より20cmくらい高く）。フリーハンドをラケットと同じ高さに構える。

ポイント
1

特徴的なカットマンと粒高ラバーの構え方

カットマンは通常のシェークハンドと比べて台より離れ、立つ位置はセンター寄り、ラケット位置は体の真ん中でやや低い位置になる。

粒高はフォアハンドよりも、バックハンド系の技術を使うことが多いので、構える位置は台の中央寄りになる。

カットマン

粒高

コツ 11

ミスの原因をなくすことで
レベルアップする

利き腕側の足を前にしたり、
ボールにラケット面をぶつけ
るような打ち方は NG。

打ち急ぎと力みがミスにつながる

ラリーでのチャンスボールに限って力が入り、ネットミスやオーバーミスをしてしまうことがある。特に試合では、早く得点したい、強いボールを返球したいという心理が働き、ミスをおかしてしまう。

シニア・レディースで多くみられるミスは、スタンスが逆足になったり、フリーハンドが使えていなかったり、ボールに対して真っすぐラケットをぶつけてしまうような打ち方。

ポイントを意識するあまり、ボールをしっかり呼び込むことができず、打ち急いだり、打球点が体から遠くなってしまう。ゲームの様子をビデオに撮って、ミスを振り返ってみると良いだろう。

プラス ワン
+1

スイングの流れを
意識してボールを打つ

　打ち急ぐのではなく、バックスイングでしっかり体を捻り、インパクトは体の正面でとらえることを意識する。インパクト後も振り抜くことでスイングやボールの軌道が安定する。

ポイント
1

ポイント
2

力を抜いてラケットの
角度調整をする

　無駄な力が入ると、コースの打ち分けが難しくなる。ラケット操作で力が入り過ぎることで、微妙な角度調整ができなくなる。相手のボールによって、わずかに面を開いたり、閉じたりして返球コースを調整する。

ポイントの経過から
ミスの傾向を探る

　練習でうまくいっても試合で同じようにプレーできるとは限らない。自分の試合を動画で撮影したり、得点や失点のコースや球質をメモすることで、得点パターンやミスの傾向が見えてくる。

Column 力みをなくした自然体で 構えに入る

　プレーにのぞむときは、肩の力を抜いてリラックスし、スムーズに動き出せるような自然体が理想。上半身に無駄な力が入ると、自然にグリップにも力が入ってしまい、スムーズなスイングができなくなる。

　まずは肩の力を抜いて、ラケットを軽く持つ、グリップを支えるところからスタートする。

　その場で軽いジャンプを入れてみたり、深呼吸をしてから、構えても良いだろう。特に力むクセのある人は、ヒザの力を抜いてあげると体全体の力みがとれやすい。そうすることで、あらためて腹に力が入り、上体は無駄な力が抜けていく。

プレー前に小さくジャンプするなどして、肩の力を抜く。

PART 3

ストロークの正確性を
身につける

打法の種類

状況に応じた
最適なショットで返球する

ペンフォルダー

カットマン

プレースタイルの違いによる
打法の種類を理解する。

得意な打法だけでは試合に勝つことはできない

　卓球の「ストローク」とは、相手ボールを返球する打法のこと。利き腕側で打つのがフォアハンド、それとは逆がバックハンドとなるが、ラケットの種類や台から距離と相手ボールの回転によって打ち方が異なる。

　伸び悩む選手の多くは、単一的に自分の得意なストロークだけを練習し、苦手なストロークや状況の違いによる打ち分けができていない傾向がある。

　様々なストロークにおいて、守備または攻撃の状況での打ち分け、台上技術のストロークなど理解しておこう。

ポイント 1

フォームの大小で
返球に変化をつける

　「フォアハンド」だけを見ても、守備場面のブロックと攻撃場面で打つドライブでは、打ち方が全く変わる。バックハンドも同様にストロークには数種類がある。状況に応じたストロークを選べることが大切。

ポイント 2

多彩な攻撃ができる
シェークのバックハンド

　バックハンドでも様々なストロークが打てるのがシェークハンドの特徴。攻撃されたときのブロックをはじめ、下回転に対するツッツキやバックハンドドライブ、短いサーブへのフリックやチキータなどを身につけると攻撃の幅も広がる。

ポイント 3

台上レシーブの技術は
必須のストローク

　短いサービスなどは、台に体を寄せて返球するレシーブ技術である台上のストロークが必須。ツッツキやストップ、フリックなどフォアハンド＆バックハンドで使い分けて、レシーブからの主導権を握る。

+1 プラス ワン 　　　　　　粒高ラバー

カットマンや粒高ラバーは
ストロークに特徴あり

　プレースタイルによっても使うストロークの頻度に違いがある。カットマンは相手ボールを切るカットが主体。粒高ラバーを使用する選手は、ボールを切ったりするのではなく、相手ボールの威力を利用し、粒の特徴を生かすような変化を生むストロークを重視する。

フォアハンド

コンパクトなスイングから
体の前で打つ

ペンフォルダー　コンパクトなフォームのなかでも、腰をひねってバックスイングをとり、体幹で打つイメージを持つ。

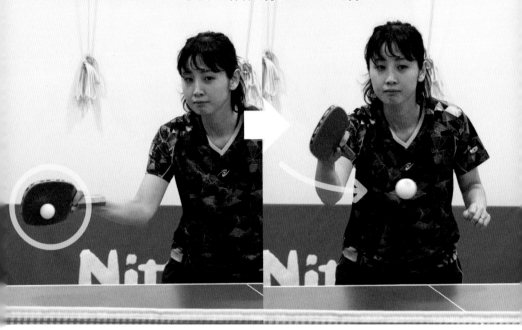

ボールを体の正面でとらえる

フォアハンドは、右利きの場合、体の右側のボールを打つスイングのこと。利き腕を右腰の横まで引いてからインパクトに向かうので、強い打球を打つことができる。

基本姿勢から、腰をまわすと同時に、腕を後ろにひいてバックスイングをとる。ここから腰の回転を利用してスイングをしていくとき、ラケットは台と平行に近くなるように振るのがポイント。これはペンフォルダーもシェークハンドも共通だ。

また、肩が開かないようにするためにも、必ずフリーハンドを高い位置に置くようにする。

ステップUP 練習法

フォアハンド

　ラリーを続けられるようになったら、練習内容を工夫する。①ワンコースでラリーを10本続ける。②コースをクロスとストレートに打ち分ける。③フォア側コート半面ランダムのボールを10本ノーミス。

シェークハンド

　スイングと同時に前重心に移行し、フォロースルーではカカトが床から離れるように。

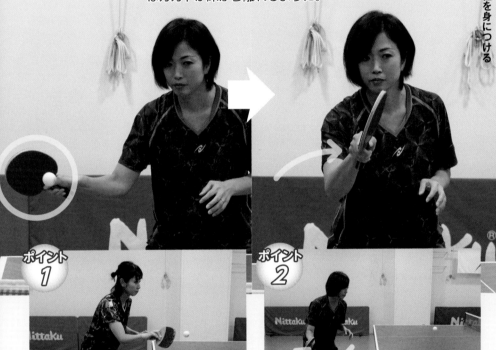

ボールをよく見て打球点は体の前で

　打球点（ボールを打つ位置）がバラバラではコントロールがつきにくい。特にシニア・レディースは、打球点が遅いことによる打球ミスが多い。頂点前か頂点でボールをとらえること意識する。

バックスイングをしっかりとる

　バックスイングをとる目的は、腕の振りを大きくすることではなく、腰をひねり、ボールを強く打つ下半身の回転力をつくり出すこと。逆足や棒立ちでは効果がないので、必ず基本姿勢を保っておきたい。

39

フォアハンドドライブ

ラケットを被せながら 下から上へスイング

ペンフォルダー インパクトの瞬間にグリップに力を入れることで、ボールに強い回転を与えることができる。

右下から左上の斜め前方へこするように打つ

　ドライブは、ボールの下からナナメ前方に向かってこするように打つことで、ボールに上回転をかけて相手のコートに打ち込む。

　ドライブで上回転がかかったボールは、下方向に弧を描いて飛んでいくという特徴がある。そのために、直線的に打った球よりミスが少なく、

安定した攻撃が可能なため、現在の卓球の主流となっている。シニア・レディースは、早目にバックスイングを引くことを意識して練習する。

　弧の大きなループドライブと、低いボールで決定力のあるパワードライブがあるが、どちらも体のひねりと足、腰を使ってドライブをかける。

ステップUP 練習法

フォアハンドドライブ

　ボールをラバーで回す感覚、山なりの弾道をつくる感覚を身につける。①台上のボールをラバーで回す。②やさしいボールに回転をかけて山なりの弾道をつくる。③普通のボール、下回転、上回転など回転のあるボールをドライブできるようにする。

シェークハンド

より回転のきいたドライブを強く打つために、体全体を使う必要がある。当然フォローも大きくなり、左の耳あたりまで振り切る。

ポイント 1

ヒジから先を使い下から上へ

　強いドライブを打つためには、下から斜め上へのスイングが必要。腰を落としてボールを引きつけながら、ラケットを腰の高さまでさげる。そこからヒジから先を使い、ボールをやや下からナナメ上へこするように打つ。

ポイント 2

ヒザを曲げて腰をひねる

　ドライブは、重心を低くする必要がある。このとき、ヒザを曲げて重心を右足に乗せる。そのまま伸び上がるように腰を回転させ、左足に重心を移してスイングする。

41

スマッシュ

バックスイングから
平行に振り抜く

バックスイングを大きくとり、フリーハンドも動かす。

利き腕と反対側の足を踏み込み、体重を乗せる。

振り切ったら左耳まで大きくスイング

相手のコートに叩き込むスマッシュは決定打だが、バランスを崩しネットミスやオーバーミスもおかしやすい。

まず、ボールの頂点でインパクトできるようにフットワークを使って体を寄せていくこと。続いてフリーハンドをボールに合わせながら、利き腕側の足に体重を乗せて、大きく左肩を前に出してバックスイングする。

そこから一気に、足を踏み込み体の回転を使ってスイングすることがポイント。ラケットは、インパクトの瞬間にボールに被せ、そのまま体に巻き込むようにして大きく利き腕と逆の耳まで振り切る。

スマッシュ

　体全体を使って戻りも意識し、連続で打てる打法を身につける。①やさしいボールを体の回転を使って打てるようにする。②3本連続でコースへ打ち分けられるようにする。③カット、ロビング、ドライブなどをスマッシュできるように練習する。

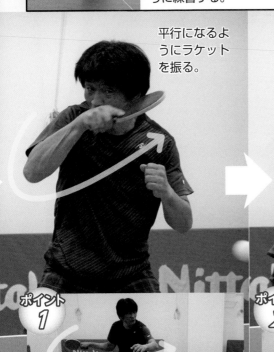

平行になるようにラケットを振る。

フォローも大きくとる。

ポイント
1

ポイント
2

肩、腰、足を使って
大きくスイング

　威力のあるスマッシュを打つためには、体全体を使った大きなスイングが必要。ボールの頂点をねらい、勢い良く踏み込んだ足に重心をのせて軸をつくる。平行に大きく鋭く、体に巻きこむように耳まで振り抜く。

フリーハンドを
使って勢いをつける

　体の動きの大きいスマッシュではフリーハンドは重要。フリーハンドを使って、体のバランスを取り、またスイングスピードを高める。さらに、ミートミスをなくすことにつながる。フリーハンドは力を抜き、高い位置を保とう。

バックハンド（ショート）
足を肩幅に開き
体の正面で打つ

ペンフォルダー

ラケットを横向きにしてバックスイング。

ラケットを押し出すようにしてインパクト。

ヒジから先でフリーハンド側からナナメ上へ打つ

　バックハンドとは、フリーハンド側（利き手と反対側）でボールを打つこと。打球スペースが広いフォア側よりも窮屈に感じるために、苦手にしている人が多い。しかし、基本に立ち返って練習すれば、確実に自分のものにできる。

　両足は肩幅より広く開き、ヒザを

曲げて立つのはフォアと同じだが、このときに足が大きく前後しない方がベター。足は平行に保ち、体の前でボールをインパクト。腕全体ではなく、ヒジを支点にしてラケットをスイングする。打球点は頂点前をとらえるようにしよう。

バックハンド（ショート）

　安定性と、低いボールで返せることを重視。①ショート対ショートで10本ラリーを続ける。②相手のフォアハンドを10本ノーミスで返球。③バック側半面ランダムに打たれたボールを5本連続で返せるようにする。

シェークハンド

肩幅程度に足を開いて立ち、ヒザを軽く曲げる。

ヒジを支点として前腕を使ってボールを打つ。

ポイント1

ポイント2

足を広げて
平行か利き腕側を前に

　バックハンドのショートでは、フォアハンドとは足の位置が逆で、利き腕側の足が少し前、もしくは平行で構える。足が平行にならず、左足が前になっても腰とヒジを使い、体の正面に打球スペースをとって打球する。

ヒジから先を使い
下から上へ

　シェークハンドのバックスイングは、ヒジを軽く曲げて、ヒジを支点にした前腕の動きでボールを打っていく。このときヒジの位置が体に近すぎたり、体の内側に入っていると、スペースがなくなりスイングができないので、体の外側にヒジをおく。

バックハンド（ロング）

利き腕側を少し前に
半身で構える

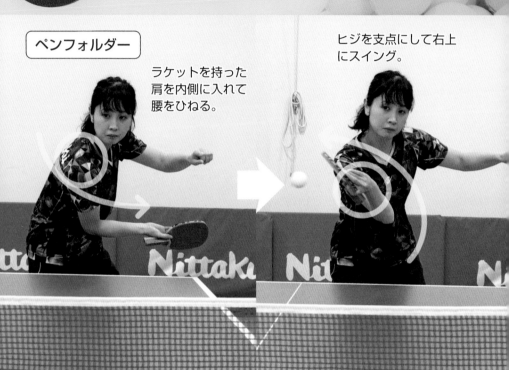

ペンフォルダー

ラケットを持った
肩を内側に入れて
腰をひねる。

ヒジを支点にして右上
にスイング。

グリップの違いを理解して技術をマスターする

　バックハンドのショートがインパクト重視なのに対して、バックハンドのロングは体に捻りの動作を加えて、より強いボールを打つ。

　特にペンフォルダーの場合、半身となった構えから、バックスイングをしっかりとりヒジを支点に手首を振り切るのがポイント。

　シェークハンドの場合は、手首が使いやすいので、ペンフォルダーほど半身にならず、ヒジが体より横にはりだす形になる。前腕を使ってラケットを斜め前方に振り抜く。

　バックスイングを引いたときにラケットが下を向きすぎないように注意。

バックハンド (ロング)

　シェークハンドの攻撃タイプに必須の技術。ヒジと前腕の返しがポイント。①自コートにバウンドさせて、10本連続。②多球練習で小刻みに動いて10本連続。③相手のショートをバック外側半面で10本連続。

シェークハンド

ペンフォルダーよりは腰、上体は捻らないが、スイングの空間を確保する。

インパクト後、ラケットを右上にスイング。

ポイント 1

ポイント 2

フリーハンドは大きく開く

　ペンフォルダーは、肩を前に出し、フリーハンドを上げて打球スペースをつくり、バックスイングをとることがポイント。フリーハンドがさがっていると、ワキが開きにくく、スペースを十分にとれないので、強いショットが打てない。

段階的にテクニックをマスターしバックハンドを強化

　シェークハンドラケットの最大の利点は、両面にラバーが貼ってあるため、バックハンドから自在にボールが打てるところ。バックハンドドライブやバックハンドの強打、フリック、チキータなどの技術を段階的にマスターする。

フリック（フォアハンド）

斜め上へ振り抜き、上回転をかける

ペンフォルダー

すばやくボールの落下地点に入る。

速く大きなスイングでボールをインパクト。

大きく速くスイングし上回転をかける

　ショートサービスと台上ストップに対して、攻撃的なレシーブをしたいときに使うのがフリック。速いスイングでボールに上回転をかける。シニア・レディースでは、ダブルスの試合も多いため台上フリックは必須のテクニック。

　バックスイングはしっかりととり、前腕を使ってボールを払うように、ボールの斜め上をとらえて打つと上回転がかかる。インパクト後は、しっかりフォロースルーをとることも忘れない。フリックは、インパクトの際のヒジの位置がポイント。スイングが遅いと回転不足となり、ネットミスやオーバーミスしやすくなる。

フリック（フォアハンド）

　グリップと手首の柔らかさ、ヒジを曲げることが成功の秘訣。ストレートへもフリックできるようにする。①多球練習で基本のストロークを習得。②フォア側の短いサーブに対して、動きを入れて6本連続。③フォア半面の様々な回転のショートサーブを5本連続。

シェークハンド

ボールの斜め上をとらえ、ボールを払うイメージ。

ぶつけて終わりにならないように、フォロースルーをとる。

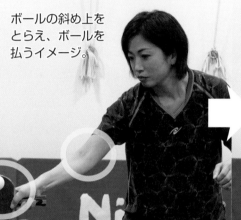

ポイント1

ポイント2

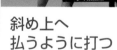

台に体を寄せて 大きなスイングで打つ

　返球を遅らせないためにも、足を動かして、ボールの落下点へすばやく体を寄せよう。足の動きが遅いと、体が引けて手だけで打ってしまうので注意。インパクトの後も、ラケットが耳の高さまでくるように振り抜く。

斜め上へ 払うように打つ

　フリックは、ボールに上回転をかけるために、インパクトのときにはボールを斜め上へと払うように振り抜く。グリップの柔らかさとヒジの位置がポイント。台の上にヒジを持っていき、伸ばさないこと。

フリック (バックハンド)

ヒジから前腕を振り、手首のしなりを使う

ペンフォルダー

フリーハンドをあげ、体の前にスペースをつくる。

ラケットをすばくスイングし、しなやかに手首を動かす。

速いスイングで回転と球速を高める

バックハンドのフリックもフォアハンドと同様に、腕と手首の速い振りが重要になる。スイングのスペースを広くするためにフリーハンドの位置にも気をつけなければならない。打つときにはフリーハンドをさげず、体の前にスペースをつくることが大切だ。

ペンフォルダーは、ラケットの先端を下げ、手首のスナップを効かせてボールを弾く感覚で打球する。

シェークハンドはインパクトで、ボールの斜め上をこするようにラケット面を動かす。ヒジから前腕をひねり、手首をしならせるようなイメージで動かす。

フリック (バックハンド)

　フォアと同じでグリップと手首の柔らかさ、ヒジの位置が大切。①多球練習で 10 本連続ノーミス②バック前のサーブを動いて 6 本連続でフリック。③ミドル前、バック前の変化サーブを 5 本連続でフリック。

シェークハンド

台に体を寄せて
ボールに向かう。

ラケットのナナメ上を
こするように当てる。

ポイント
1

ポイント
2

腕をしなやかに使い
ボールを払う

　ペンフォルダーとシェークハンド共通のポイントとしては、手首の柔らかさが必要になる。ヒジから前腕をすばやく動かしてスイングし、球速と飛距離を高めることが大切。右ヒザの上で打つような感覚を持つ。

利き足を台の
下まで踏み込む

　利き足を台の下までしっかり踏み込み、ヒザを曲げて腰を落とす。目線をボールに寄せていくイメージを持ち、右ヒジを曲げてとらえる。シェークハンドの場合は、前腕をひねりやすいため、フリックが上手な選手が多い。

51

コツ 20 バックハンドドライブ
上体を捻り回転の力をボールに伝える

ためたパワーをインパクトでボールに伝える

バックハンドドライブは、シェークハンドラケットの選手はぜひ身につけたいテクニック。ヒザ、腰、前腕の返し、手首の力を利用して打球する。上体をひねり、その回転力を利用して重心を移動しながらスイングすると力強いボールが打てる。

バックハンドから強いドライブが打てるようになると、自分の得意な打法へつなぎやすくなり、また決定打としても有効だ。

パワーが必要なストロークのため、下半身でためた力に加え、腰から上体を捻って、さらに前腕の返しと手首のしなりを使うことでスイングスピードが高まり、強い回転の打球が出せるようになる。

フリーハンドは大きく開く

　バックドライブでのフリーハンドは、ワキの下を開け、バックスイングを大きくとれるスペースをつくる役割がある。フリーハンドがさがっていると、スペースを十分にとれないので、強いドライブは打てない。

ヒザ、腰、前腕、手首を使って打球する

　ヒジを支点として、スイングを行う。インパクトの瞬間にヒザ、腰、前腕、手首を使って打球することで、スピードと回転のあるボールを打つことができる。

肩を入れて上体を十分に捻る

　ラケットを持った肩を前に出して、腰を捻る。ここでスイングするのに十分な空間をつくることが大切だ。バックスイングの時のラケット面がポイント。ヒジから先の前腕を返すことが、ボールの威力を生む。

ステップUP
練習法

バックハンドドライブ

　シェークハンドの攻撃型選手に必須の技術で、ヒジと前腕の返しがポイント。①自コートにバウンドさせ、しっかり回転をかけて、山なりの弾道で10本連続打てるようにする。②相手のショートを、小刻みに動いて10本連続でラリー。③ツッツキして、相手のツッツキをバックドライブ、相手ブロックをバックドライブのシステム練習を繰り返す。

コツ 21

ストップ (フォアハンド)

台下に足を入れ込むようにして 目線をさげる

目線をボールと同じ高さに近づけ、小さなスイングでボールの底を打ち、ネット際に落とす。

ネット際すれすれに落とすように打つ

　ショートサービスなどに対して、小さく返球し、3球目攻撃を防ぐのがストップレシーブの目的。4球目攻撃につなげることが可能になる。ボールの威力や回転を吸収するかのようにラケットを動かし、ネット際すれすれに落とすイメージで打つ。

　足を卓球台の下に入り込ませるぐらい、体をボールへ寄せる。バウンド直後をとらえ、目線をさげる。インパクトでは、ラケット面に柔らかく当てるだけでなく、回転をかけて止められるようにする。このときヒジが伸び切らないようにすることがポイントだ。

ポイント 1

目線は低く
ボールと同じ高さに

　姿勢が高くなると、レシーブが高く浮いて、相手に3球目を強打されやすくなる。ストップは目線が打球点と同じ高さになるぐらいに、腰とヒザを曲げて姿勢を低くするのが重要になる。

ポイント 2

小さくスイングしラケット
先端をややあげる

　スイングは小さくして、打つ瞬間には、ラケットを小さく動かす。サービスの回転を吸収するように、手首を返してラケット面を横下へと動かすのがポイント。その際、ラケットの先端がややあがるようにして、回転をかけて相手のネット際を狙う。

ポイント 3

打球点は
頂点前

　第2バウンドする位置を予測して、あらかじめラケットを出し、バウンド直後にインパクトするのが、ストップのコツ。打球点が遅いと、サービスの球威を吸収できず、思っている以上にボールが高く浮くように飛んでしまう。

ステップUP 練習法

ストップ（フォアハンド）

　緩く当てて返すだけでなく、自分で回転をかけてストップできるようにする。①多球練習で基本ストロークを身に付ける。②ストップ対ストップで5本連続。③相手のショートサーブに対して5本連続でストップできるようにする。

ストップ（バックハンド）

ヒザの屈伸を使って腕全体で打つ

足を台下に入れて体を台に寄せ、手首は大きく動かさずに、前腕で打つ。

相手コートネットの際、三か所に打ち分ける

バックハンドのストップはバウンドをする位置を予測し、フットワークを使ってボールにすばやく体を寄せて、ボールのバウンド直後を見計らってインパクトする。相手コートのネット際で「バック」「ミドル」「フォア」の三か所に打ち分けられるのが理想的だ。

インパクトの瞬間は低い位置でヒジを曲げ、ヒザの屈伸を使い、サービスの球威を吸収するイメージ。バックハンドでは、ボールの横をこするようにヒジを動かし、斜め回転をかけやすくする。上体、ヒザ、腕、手首に力が入ると小さく返すことができないので注意する。

足を前へ大きく出し
体をボールに寄せる

　バックハンドのストップはフット
ワークが大切。すばやく体を卓球台
に寄せ、間を持ってスイングできる
ようにしよう。利き腕側の足が卓球
台の下へ入るように前へ出し、イン
パクトのときにはヒザの屈伸を使っ
て球威を吸収するように動かす。

手だけのスイングに
ならず余裕を持つ

　足が動かず、スイング時にヒジや
ヒザに余裕がないと、手だけで打っ
てしまう。ヒジが伸びると、ボール
にラケット面ぶつけるような動きに
なり、台から出たり、ネットミスに
つながってしまう。

ボールの回転に合せて
ラケット面を調整する

　ストップでねらうべき場所は、相
手コートのネット際で、バックハン
ド側とミドル、フォアハンド側の三
か所。この場所に返すことによって、
次の相手からの攻撃を受けにくくす
る。ボールの回転を見極め、ラケッ
ト面を調整することもポイント。

ステップUP
練習法

ストップ（バックハンド）

　浮かない、台から出ない、少し回
転を入れること意識して練習する。
①ストップ対ストップで5本連続。
②相手のショートサーブを5本連
続。③ストップ、フリックを交互に
打ち分けて10本連続を目指す。

ツッツキ（フォアハンド）

相手ボールを見極めて 下回転をかける

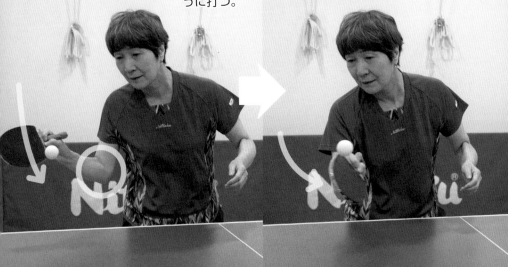

足を動かしてボールに体ごと
近づけ、ボールの下を切るよ
うに打つ。

足を動かしボールに体を寄せる

ツッツキは、ショートサービスや
カットに対するレシーブ方法のひと
つで、打つときに下回転をかけて安
全に返すことができるテクニック。

ツッツキは、先に足を動かして体
ごとボールへ寄せるようにすること
が大事。足が動かないと、腰が引け
てヒジが伸びたスイングになってし

まう。バックスイングは小さくして、
インパクト時は上腕を返すようにラ
ケット面を寝かせるイメージ。右ヒ
ジを低い位置で曲げることがポイン
トだ。ボールを前へえぐるように動
かし、下回転をかけてコースをしっ
かり狙う。長いツッツキと短いツッ
ツキを身につけると実戦的。

ポイント 1

速いフットワークで
体をボールに寄せる

　足から体を動かすことがとても重要だ。レシーブの構えが固いと、気持ちだけがあせって、腕だけを前へ出してしまいがち。腰が引けて、ボールに当てるだけのツッツキになってしまう。「最初は足を動かす」「ヒジを曲げる」ことを意識して練習しよう。

ポイント 2

ボールの下を打ち
下回転をかける

　腕を使ってラケットを振り、ボールの下をこするように打つと下回転がかかる。このとき、手首は動かしすぎないのがポイント。手首だけでラケットを振ってしまうと、打球に余分な力が加わって、ネットミスやオーバーミスしてしまうので注意。

ポイント 3

ヒザや腰を曲げ
体全体を柔らかく使う

　ヒザや腰が伸びて、上体が立った状態で、ヒジが伸びてツッツキをしないように注意。そのような形だと、ラケットにぶつけるようなスイングになってしまう。シニア・レディースは右ヒジが高い傾向があるので注意する。

ステップUP 練習法

ツッツキ (フォアハンド)

　まずは安定性が大切、次に低く、コースに、変化をつけての順で練習する。①ツッツキ対ツッツキで10本連続。②クロス、ストレートにコースを打ち分けて10本連続。③相手の変化（切れた、切れない）に10本連続、自分から変化をつけて10本連続を目指す。

コツ 24

ラケット面を寝かせて ボールの底をこする

ラケット面を寝かせ、ボールの底をこするようにして打つ。体ごとボールに寄せるイメージでボールをとらえる。ヒジが低い位置で曲がっていることがポイント。

ヒジを曲げ、上腕を上向きに回転させる

　バックハンドのツッツキレシーブは、安全性が高く打つタイミングも計りやすいレシーブ打法。

　フォアハンドのツッツキと同様に、足を使いボールに寄せるところからスタート。ヒジを曲げて上腕を上向きに回転させてラケット面を寝かせ、ボールの底をこするようにインパク

トする。

　シニア・レディースは、ヒジが高い位置になることが多いので注意する。体を寄せず、手だけで打たないようにヒザを柔らかく使う。返球するだけにならないように「切る」「切らない」「横回転」の変化がつけられると実戦的だ。

ポイント 1

体全体を使い
押し出すように打つ

　リラックスした構えから上体を
ボールへ寄せて、体を使ってボール
をゆっくり押し出すように打つこと。
手や腕だけで打ってしまいがちだが、
体全体を使ってコースを安定させる
のが重要だ。ヒザを柔らかく使うこ
とがポイント。

ポイント 2

相手のスキをついて
コースを狙う

　相手を左右前後に動かすコースを
狙い、低いツッツキをできることが
ベスト。相手の攻撃を防ぎ、チャン
スが広がる。下回転の強いツッツキ
は、相手の体の正面や左右サイドラ
イン深くを狙うと効果的。

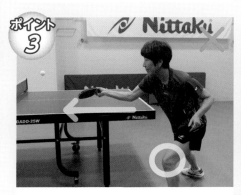

ポイント 3

利き手側のヒザの
上で打球する

　初心者は逆足になったり、打球点
が体から遠くなりがち。それだとど
うしても手打ちになってしまい、コ
ントロールの精度が落ち、ボールを
狙ったところに打てない。足をしっ
かり動かし、利き手側のヒザの上で
打球するイメージを持つ。

ステップUP 練習法

ツッツキ（バックハンド）

　安定性、低く、コース、変化のテー
マ順に練習する。ヒジは伸ばさず、
低い位置で打球する。①ツッツキ対
ツッツキで 10 本連続。②クロス、
ストレートにコースを打ち分けて
10 本連続。③相手の変化に 10 本
連続、自分から変化をつけて 10 本
連続。

ブロック（フォアハンド）

ボールの勢いを利用して返球する

ストレート打ち

ストレートコースは手と肩、腰を連動させて、体の前でラケットに当てる。

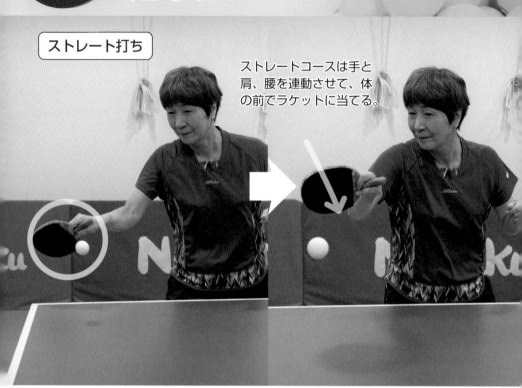

ラケット面を前傾させて低く返球する

　スマッシュやパワードライブなどの強い攻撃を返球するために、ボールの勢いを利用して返球する打法をブロックという。

　フォアハンドは体の近くで「打つ」というよりは、「ラケットに当てる」イメージ。このときラケット面をやや前傾させ、手と肩を連動させてボー

ルが浮かないようにする。

　確実に返球できるようになったら、体の面とラケットの向きによって、ストレートとクロスにブロックできるようにする。相手の強打に対して、体の力を抜くことがポイント。甘い攻撃は、カウンターブロックできるようにする。

ステップUP 練習法

ブロック (フォアハンド)

バックブロックはできても、フォアブロックは苦手という人が多い。フォアハンドでも前陣で守れるようにする。①相手の強打、ドライブを5本連続。②フォア半面を動いて5本連続。③クロスへブロック、ストレートにブロック、カウンター攻撃の3本1セットを5セット練習。

クロス打ち

小さいスイングから上体のひねりでクロスのコースを狙う。

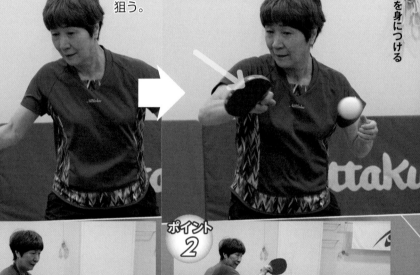

ポイント 1

ポイント 2

右腰の前で
ラケットに当てて返す

　ブロックは、ボールの反発によって返すイメージで打つ。ポイントは、フォアは右腰の前でラケットに当てること。ヒザとヒジ、手首をやわらかく使い、ボールの勢いを抑えながら、ラケットに当てる。

下向きの構えから
面を被せて打つ

　相手ボールに対し、ラケットをかぶせて構える。インパクトの瞬間に、ラケット面はやや前傾させる。このときワキを締め、ラケットを固定して上体を使って打球する。

コツ 26

ブロック（バックハンド）

試合を想定したブロックを身につける

サイド

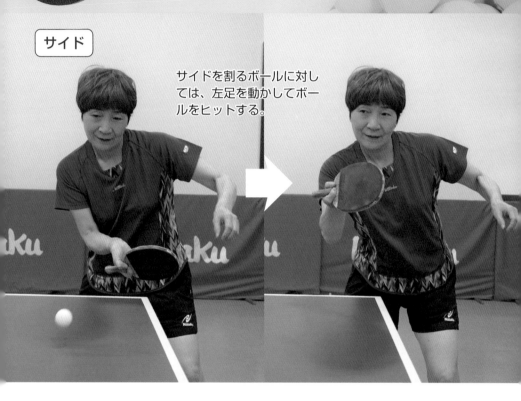

サイドを割るボールに対しては、左足を動かしてボールをヒットする。

コースに対応できるブロック技術をマスターする

バックのブロックは体の正面でボールの勢い抑え込むように、ラケットに当てるように返球する。ブロックが甘いと連続攻撃を許してしまうので、ヒジとヒザを脱力し、ボールが浮かないようにラケット角度を調整することがポイント。

打たれたボールのコースによって、コースごとの対応が必要。相手ボールがサイドラインにきたときと、センターラインにきたときの両方を練習しておくことで、試合で使えるブロックになる。

さらに攻撃的なカウンターブロックをマスターすると守備から攻撃に転ずることもできる。

64

ステップUP
練習法

ブロック（バックハンド）

バックハンド側のブロックの安定性はとても大事。ミドル処理も含めて、小刻みな動きでブロック力を付ける。①相手の強打、ドライブを5本連続。②バック、ミドル1本ずつ10本連続。③半面オールを5本連続、バック、フォア1本ずつを6本連続。

ミドル

ボールがミドル寄りや体の正面にきたときは、右足重心でボールをとらえる。

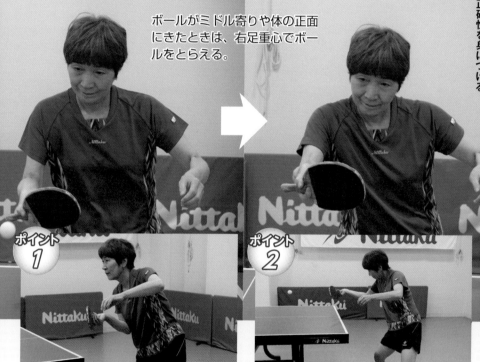

ポイント
1

ポイント
2

ラケット面を調整して攻撃的に返球する

守備的なブロックでは、スマッシュは上方向に、ドライブは曲がる方向に小さくラケットを動かすことで、安定性の高い返球となる。シニア・レディースは、上体の力みとヒジが伸びることで、うまくいかないことが多いので注意。

フリーハンドを使ってボールを抑え込む

重心がカカトに乗って、後ろ重心になったり、ヒザを伸ばしてボールを打つと、ボールの勢いを抑えられず、オーバーミスやネットミスになりやすい。ヒザを曲げ、前傾姿勢を保ち、フリーハンドをあげてボールを抑え込む。

カット（フォアハンド）

台から離れてカットし下回転で返球する

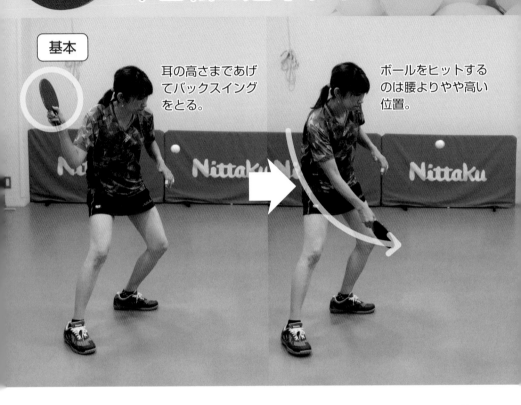

基本

耳の高さまであげてバックスイングをとる。

ボールをヒットするのは腰よりやや高い位置。

守備重視だが、時には攻めて攻撃に転ずる

　カット打法は、ボールに強い下回転をかけるストローク。カットマンといわれる「カット主体」の選手は、守備を重視しながらボールを拾い、相手のミスを誘う戦術がセオリーとされている。しかし現代の卓球では、時にはカットだけでなく、攻撃に転じてドライブやスマッシュなどを打っていく選手が活躍している。

　基本は台から離れ、相手の上回転のボールに対して、下方向にスイングしてボールに下回転をかけるストロークが中心。熟練したカットマンになると、コースや長短、スピードの打ち分け、下回転だけでなく横回転やナックルなどを入れて、巧みにボールを操ることができる。

ステップUP 練習法

カット（フォアハンド）

基本のカットの安定性、動いてカット、次に変化をつける、ミドル処理、対強打（スマッシュ、ドライブ）を練習。①多球練習で基本のカットを10本連続。②ツッツキ、カットで10本連続。③切る、切らないの変化をつける練習、強打へのカットとミドル処理の練習。

強いカット 強いカットは、ヒザを曲げてボールに合わせてバックスイング。

ボールの後ろを切りおろすイメージで打ち、しっかりフォロースルーをとる。

ポイント 1

ポイント 2

耳の高さまであげて バックスイングをとる

　ラケットを上から下に振りおろし、ボールに下回転をかけるには、バックスングは耳の高さまであげ、打球点を頂点、または頂点よりやや落ちた地点にとる。フォアハンドのカットは、打球時にヒジが開いて面が上を向き過ぎないよう注意。

ボールの後ろを切りおろす イメージで打つ

　ラケットの角度とスイングの軌道がポイント。ラケットの表がナナメ上を向くように角度をつけ、肩より高くバックスイングする。腰を回転させながら、ボールの後ろをえぐるように利き腕側のヒザまで振り切る。

カット（バックハンド）

コツ 28
台から離れてスイングの
スペースをつくる

半身の体勢から、しっかり
バックスイングをとる。

ヒザを曲げて重心移動しながらボールを打つ

　バックカットは、ラケットを上から下にナナメに振り下ろして、ボールに下回転を与える。スイング動作では、体の回転を使うが、ドライブなどと違い、両ヒザを曲げたまま沈み込むようにし、重心移動を行う。

　そのため台から離れ、スイングのスペースを確保する必要があり、前後のフットワークが大切だ。

　上達するためには、前後のフットワーク練習とあわせてミドル処理の練習、ツッツキからの強打への対応を練習することが大事。さらに自分からカットに変化をつけられるとスキルアップできる。

カット（バックハンド）

フォアカットと同じように基本のカットの安定性、前後の動き、変化をつける、ミドル処理、対強打（スマッシュ、ドライブ）の練習。①多球練習で基本のカットを10本連続。②ツッツキ、カットで10本連続。③変化をつける練習。④強打へのカットとミドル処理

ヒザを使ってラケットを振りおろし、フォロースルーをとる。

ヒザと前腕を使ってカットする。

体を捻りバックスイングをとる。

ボールに合わせて
ヒザを曲げて腰を落とす

　落ちてくるボールに合わせて、深くヒザを曲げ、腰よりやや上の高さでボールを切るようにスイングする。ボールから目を離さないことが大事。写真のようにヒザが伸びきっていると、手打ちになったりスイングの力がボールに伝わらない。

ラバーによっても
カットの種類が変わる

　カットマンのラバーは、フォアハンド側が「裏ソフトラバー」、バックハンド側が「粒高ラバー」や「変化系の表ソフト」を使用している選手が多い。粒高ラバーで打つ場合は、インパクトで力が入り過ぎないよう注意。

粒高打法

ナックル回転の返球で相手のミスを誘う

バックハンド

ラケットを横に持つ。

ラケット面をやや上に向けて、ツブを寝かせるようにしてインパクト。

粒が反発しないようインパクト面を移動する

粒高ラバーは相手ボールの回転の影響を受けにくい。下回転に対しては上回転、上回転には下回転のレシーブが可能になる。シニア・レディースの選手のなかでは、粒高ラバーの特徴を最大限に生かし、ナックル回転の返球で相手のミスを誘うプレースタイルが広まっている。

ストロークは、体の正面でしっかり打球すること。できるだけ粒がつぶれるように、ヒザを使って斜め下に押し出す。粒が反発してしまうと、浮いた返球となってしまうので注意。インパクトの瞬間、ラケットを右下または左下に移動させることで、安定性が増す。

粒高の打法

　ミスなく粘る、入れることが粒高の選手には求められる。しっかり守って、甘いボールは攻撃。①バック反面 10 本連続ノーミス。②ツッツキを返球、相手の軽打をコースへ返球を 10 本連続。③自分のコート全面をフォア、バック使って 10 本連続、多球練習で甘いボールを攻撃練習。

フォアハンド

フォアハンドは、打球点を体の近くにとる。

表面の粒を寝かせるように、ボールに当ててレシーブする。

ポイント 1

面を上向きにして
ボールをコントロールする

　通常のラバーよりインパクト面を上に向けてインパクトしないとボールが下に落ちてしまう。強打するときもオーバーミスに気をつけて、やや上向きに振らないと飛ばない。常に表面の粒を寝かすように打球するとボールがコントロールできる。

ポイント 2

体の正面で
前傾してインパクトする

　体の正面でしっかり前傾することが大事。起きあがったり、手が伸びてしまうとラケット操作がうまくできない。フォアハンドとバックハンドでグリップを握り替えて、中指と薬指をうまく動かすイメージでインパクトする。

Column

本番で力が発揮できないのは メンタル面に理由がある!?

　シニア・レディース選手の多くは、本番の試合で力を発揮できないで悩んでいる選手が多い。

　その理由の一番は、経験不足。次に結果や周囲の評価を気にしすぎること。「負けたらどうしよう」という不安。この3つが練習の力を出せない大きな理由になっている。

　具体的な対策としては、メンタル（こころ）を鍛えるしかない。メンタル（こころ）は、トレーニングで強くすることができる。トップアスリートは、メンタルトレーニングを取り入れ、「ここ一番」で自分のパフォーマンスを発揮するため、心をマネジメントする訓練をしている。シニア・レディースの選手は、まず「考え方」を変えること、「自分に暗示をかける」ことからスタートしてみてはどうだろうか。

●考え方
・卓球は楽しい。これからの厳しい戦いを経験することで、必ず自分は成長できる。
・このような緊張感のなかで、今日大好きな卓球の試合ができる自分は幸せ。
・みんなが私を応援してくれている。ひとりじゃない。
・卓球は自分の選んだ道、競技。ビビっていてはもったいない。
・たとえ負けても明日がくる、また卓球はできる。

●具体的にできること
・勝負タオル、勝負ドリンク、勝負ソックス、勝負パンツなどでゲンをかつぐ。
・ゼッケンを好きな人につけ直してもらい、背中をポンしてもらう。
・「大丈夫」、「できる」と、自己暗示をかける。

●ルーティン
・ラグビーの五郎丸選手・野球のイチロー選手のように、自分でお決まりの動作、行動、儀式を習慣化する。それをすると「成功のイメージが湧く」「過去の成功がよみがえる」「集中力が高まる」「落ち着く」ように訓練する。

PART 4

勝敗のカギを握る
サーブ・レシーブ

コツ 30

サービスを極めて試合を優位に進める

ショートサービス

ロングサービス

サービスは試合の1球目となる重要なプレー。ショートサービス主体にロングサービスを折り込むことで、相手に的を絞らせない。写真は自領コートの落下点をコントロールする練習。

サービスの精度が三球目攻撃のカギになる

サービスは、卓球の試合のなかで唯一、打法やコース、回転が思い通りに打てる技術。シニア・レディースは、サービスの重要性を再認識する。

打つときには、ヒザを使ってトスをあげる。足、腰、前腕、手首、指を使ってサービスする。手首と指の使い方がポイントになる。

試合を優位に進めるためにも精度を高め、相手にサービスの回転を簡単に見極められないようなフォームを身につけておくことが大事。

相手が判断に迷うサービスを出すことで、レシーブの強打を防ぎつつ、3球目では攻撃的なショットを打つことができる。

ポイント 1

腰とヒザを曲げ
利き手と反対の足を出す

　フォアハンドサービスの基本的な構え方は、左足を半歩前に出し、腰を引き、ヒザを曲げる。このときエンドラインのやや後ろにボールをセットしてからトスを行うと、トスを真上にあげやすい。初心者は左足をさげても良い。

ポイント 2

サービスの重要性を理解し
毎日必ず練習する

　サービスを自分の思うように出せるようになると、試合で大きな武器になる。サービスは、毎日欠かさず練習するのが大切。練習では「トスを安定的にあげる」「コースをしっかり狙う」「強く切って回転をかける」などテーマを持って取り組む。

ポイント 3

バックハンドでサービスで
攻撃の幅を広げる

　バックハンドからのサービスは、腰を回してヒジを引いてバックスイングし、目標位置にボールを運ぶようなイメージでラケットを振り抜く。フォアハンドだけでなく、バックハンドでサービスが出せると攻撃の幅が広がる。

プラスワン +1

サービスの組み合わせて
得点力をアップする

　サービスの組み合わせや出し方を考えることで、得点力がアップする。「フォア前とバックへのロングサーブ」のようにコースを対角に出せるようにすることがポイント。さらに「下回転とナックル」「ナナメ回転と横回転」のように変化を混ぜることで効果的なサービスとなる。

下回転サービス（フォアハンド）

ボール下をラケット面でこすり変化をつける

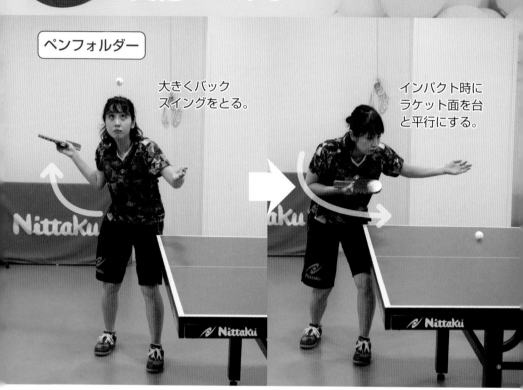

ペンフォルダー

大きくバックスイングをとる。

インパクト時にラケット面を台と平行にする。

インパクト時にラケット面を寝かせる

　下回転のサービスは、相手コートでバウンドすると止まるように飛ぶ。相手のレシーブを甘くさせる（ゆるいツッツキ）が狙いだ。下回転が強いと相手は強いリターンを打ちづらいため、三球目に攻撃したいときに有効なサービスだ。

　下回転サービスのポイントは、低い位置でインパクトすること。ボールの下をこするように打つイメージを持つ。ネットすれすれのコースを狙い、相手コートの浅いところで第2バウンドさせる。

　インパクトではラバーでしっかりボールに摩擦させることで、強い回転がボールにかけられる。

+1

切らないサービスを併用する

　強い下回転サービスと同じ構え、同じモーション、同じ弾道からナックルサーブを出せると、下回転サービスの効果が増す。インパクト時のラケット面の角度を調整する。

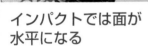

シェークハンド

トスを真上にあげる。

ボールの下をこするように打つ。

ポイント 1

インパクトでは面が水平になる

　バックスイングは大きくして、インパクトの直前に、ヒジから手首を使ってラケット面の向きを変えていく。インパクト時のラケット面は、打ちはじめは卓球台に対して30度程度だが、最後は卓球台と平行になっているように動かす。

ポイント 2

サービスではグリップを変えて2本の指ではさむ

　シェイクハンドもペンホルダーも握りやすい方法で構わないが、ラケット面を親指と人差し指で操作できるように持ち、ほかの指は軽くグリップを握る。サービスが打ち終わったら、すばやく基本の持ち方に戻す。

コツ
32

下回転サービス（バックハンド）

バックハンドサービスで相手の目先を変える

ペンフォルダー

ボールの底を打つように、勢いよく振りおろす。

腰を使い、上半身を回転させて大きくスイングする。

腕を平行にしてラケットを振り抜く

バックハンドサービスは、フォアハンドサービスから、相手の目先を変えることができる。バックハンドの下回転サービスは、バックスイングを大きくとること。腰を使って上半身を回すとともに、ヒジを動かしてバックスイングをとる。

インパクトの瞬間は、フォアハンドサービスと同様にボールの底をラケット面でこするように打つ。フォロースルーでは、ヒジを前に突き出すように動かし、腕は平行に動かして、ラケットを振り抜く。

相手コートのフォア前とバック深くにサービスをコントロールして出せるように練習する。

+1

体を斜め 45 度に構える

　バックハンドサービスでは、エンドライン
に対して体が 45 度になるよう、利き腕と反
対側の足を引いて構える。そうすることで、
切れた下回転や斜め回転のサービスをコース
に出しやすくなる。

シェークハンド

フォロースルーは、
腕を平行にしてラ
ケットを振り抜く。

バックスイングは
耳あたりまで振り
あげる。

ポイント 1

ポイント 2

フリーハンドを
大きく動かす

　バックスイングでワキの下を軽く開
け、肩から大きく後ろへ引く。フリー
ハンドの動きがないとラケットの動
きが小さくなってしまうので、しっ
かりあげることがポイント。

ヒジが先行して
スイングをしならせる

　シェークハンドはバックスイング
で上半身を使って大きくとり、ラケッ
トを耳まであげる。スイングは、ヒ
ジが先行して腕、手首の順で振り抜
く。ヒジが先行しないとスイングに
しなりがなく、下回転が弱くなる。

コツ 33

フォアとバックで横回転サービスを出す

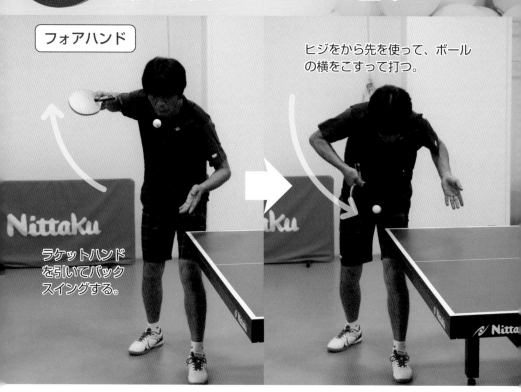

フォアハンド

ヒジをから先を使って、ボールの横をこすって打つ。

ラケットハンドを引いてバックスイングする。

側面を右から左にボールをこする

　横回転のサービスは、相手コートでバウンドしたときに右または左方向へとコースが変化する。

　また横下回転との見分けが難しく、相手が判断しにくくてリターンが打ちづらくなる。ポイントは、インパクト時にラケットの先端が下になるように手首を捻り、体の正面で落ち

てくるボールの側面を右から左へこすること。このときすばやくヒジを引きながら打つ。

　バックハンドからの逆横回転サービスもラケットの先端をさげて、ボールを左から右へとこすり回転をかける。右回転と左回転をマスターしよう。

+1 **ヒジから先を振り子のように動かす**

横回転サービスのときは、ラケットを振り子のように動かすのがポイント。フォアハンドなら時計回り、バックハンドなら反時計回りにボールが回転し、バウンド後に横方向に跳ねる。

バックハンド

フリーハンドのヒジを止めないで振り抜く。

手首を返してラケットの先端を下に向け、ボールの側面を打つ。

ポイント 1

ポイント 2

ラケットを垂直にして先端を下げる

　フォアハンドはラケットでボールの横をこすり、回転をかける。ヒジごと自分の体へラケットを引き寄せるようにインパクト。このときラケットの先端が右下に向くように手首を使って動かすと、横回転がかけやすい。

腕を振りおろすときヒジをしっかり引く

　バックハンドの横回転サービスは、トスをあげたらフリーハンドの手を後ろに引く。腕を振りおろすときには、ヒジを引いてその力で腕を振る。シェークハンドは、小指・薬指でラケットを動かすイメージを持つ。

81

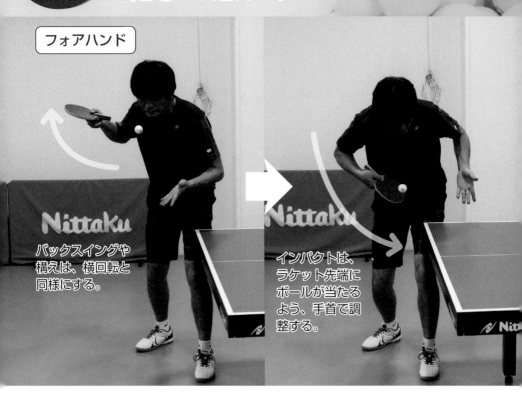

コツ 34 斜め回転サービス（フォアハンド・バックハンド）

多彩なバリエーションで相手を惑わす

フォアハンド

バックスイングや構えは、横回転と同様にする。

インパクトは、ラケット先端にボールが当たるよう、手首で調整する。

斜めに切って横プラスアルファの下回転をかける

　「斜め回転」とは横回転に下回転を加えたサービスのことで「横下回転」ともいう。反対に横回転に上回転を加えると「横上回転」となる。

　打ち方は、トスをあげてバックスイングをするところまでは横回転と同じ。インパクト時にラケット面の傾きや当たる位置を変えて打つ。

振り子のような動きで、ラケットを振りおろす途中にインパクトするイメージを持つとよいだろう。

　このサービスでは、横回転と同じ動きをして相手を惑わせることがポイント。スピードのあるロングサービスを出しやすいという利点もある。

+1 横回転サービスとセットでマスターすると効果アップ

横回転サービスとフォームを同じようにすることで、相手のミスを誘う。横下、横上、横回転を織り混ぜることで、相手のラケット角度を狂わせ、相手レシーブを甘くさせる。

バックハンド

手首を使ってラケットのヘッドをさげて、ボールをこする。

トスをあげたらフリーハンドの手は後ろに引きく。

ポイント1 フォアハンドから面を斜め下に切る

ボールの横から下へと斜めに切るようなイメージでインパクト。腕を振りおろす力を利用し、ボールがラケットの先端に当たり、中央で離れるようにする。横回転サービスのモーションと同じように打てると効果的。

ポイント2 バックハンドから横上回転はナナメ上へ切る

横上回転は、振り子のように振った腕があがってくるときに、ボール横を上へと斜めに切る。最後は横下回転、横回転と同じフォロースルーをとることで、相手を惑わすことを忘れない。

巻き込みサービス

ヒジを高くあげて 体の前でインパクト

巻き込みサービス

体を大きく捻って バックスイングする。

上体を戻しながら体の前で インパクト。

ポイント **1**

相手の弱点にサービスを出す

　シェイクハンドは、フォア前のサービス処理にやや難があり、強いレシーブが返しにくい傾向にある。このエリアを攻めやすいのが「巻き込みサービス」。グリップの握り方を変えて、ラケットを操作しやすくすることでボールに「横回転」と「斜め下回転」「横上回転」をかけていく。

大きく捻って 腰の前でインパクトする

　巻き込みサービスは、ラケットを持つ手側の腰より後ろに、大きく捻ってバックスイングをとる。インパクトは利き腕側の腰の前でボールの外側を巻き込むように。このときボールを包み込むようなイメージを持つと良いだろう。

コツ 36

YG サービス

インパクトエリアを 広くとってボールをこする

YG サービス

利き腕側の足を斜め後ろに引いて、 インパクトエリアを広くとる。

スナップをうまく使って ボールをこする。

ポイント 1

ボール外側をこする難易度高のサービス

YG サービスは、「Y ＝ヤング」「G＝ ジェネレーション」の略。ヒジを高 くあげて体の正面で打球することが ポイント。ボール外側を摩擦させる ことで、強い回転をかける。通常の サービスとは、グリップを変えると 切りやすい。難易度が高いサービス だが練習を重ねてマスターしたい。

バックハンド側のロング サービスを織り交ぜる

「右利き」対「右利き」の対戦では、 サービスがレシーバーのフォアハン ド側に曲がっていくため、バックハ ンドのチキータが使いにくい。相手 の裏をついて、バックハンドに深い ロングサービスを打つことができれ ば効果的だ。

レシーブの重要性

堅実なレシーブから攻撃に転ずる

利き腕側の足を出して、ヒザを軽く曲げ前重心を保つ。

体を速くボールに近づけ、腕をしなやかに使い、「レシーブする」ことを意識する。

カカトを浮かせて前重心を保つ

レシーブは相手のサービスへの「判断」と「対応」を迫られる。さらに、相手の3球目攻撃を防ぎ、4球目の攻撃へとつながるように、打球のコースや回転も戦略的に考えなくてはならない。

レシーブの基本は、自分のコート内に前後左右へ1歩動けばとどくよ

うな位置に立ち、ラケットは卓球台よりも高い位置で構える。

第2バウンドが落ちる位置を予測して、ボールにラケットと体をすばやく寄せ、相手のサービスに対応してレシーブする。ぶつけるのではなく、レシーブ側も自分から回転をかけられるように練習する。

ポイント
1

バックハンドをケアして
中央よりバック側による

レシーブの基本は、中央より少しバックハンド側に立ち、ラケットを台より高い位置で構える。相手のサービスに対してラケットを寄せ、回転に対応してレシーブする。

ポイント
2

相手のサービスへの
判断力と対応力をつける

相手サーブを瞬時に見極め、最適なラケット面の角度をつくることで、好レシーブとなる。下回転とナックル、横と斜めなど、相手サーブの様々な回転を判断し、そこから対応する練習に取り組む。

ポイント
3

相手サーブが甘ければ
積極的に仕掛ける

レシーブだからといって、受け身だけではポイントを獲ることができない。相手サーブが甘ければ積極的な攻めのレシーブで仕掛けていく。そのための準備や判断力を磨くため、日頃から意識してレシーブ練習に取り組むと良い。

プラスワン
+1

台に体を寄せて
ボールをしっかり見る

相手のサービスの回転を抑えて、自分で回転をかけるためには、ラケットをボールにすばやく寄せること。足を動かし、上体の向きを変えてレシーブに入る。手だけのレシーブでは微妙な変化に対応できず、ボールの勢いにも負けてしまう。

Column

正しいサービスの
ルールを理解する

　どんなに威力があっても正規のルール通りにサービスを出せないと、フォルト（サービスミス）と判定されてしまう。そうならないためにも正しいサービスを練習し、身につけよう。

　まずフリーハンドは、しっかりと手のひらを開きボールを静止させる。手のひら、指が曲がっていると NG。次にボールに回転をかけずに、16cm 以上ほぼ垂直に投げあげる。斜めや横に投げてはならない。投げあげたボールが落下する途中を打球する。

ボールが台より低い位置にならないようにする。

エンドラインより中に入って打球しない。

体の一部、ユニフォーム、フリーハンドでボールを隠すことがないようにする。

文章協力　柏木眞子（国際審判員・相模原レディース会長）

PART5

レベルアップのための練習法

コツ 38

目的やテーマを持って効率よく練習する

シニア・レディースならではの工夫で上達を目指す。写真はペンのバックハンドの前腕の返しのストローク練習。ネットに近い位置で行うと、感覚をつかみやすい。

限られた場所・時間・人数なかで質の高い練習を行う

シニア・レディースの選手は、限られた練習機会のなかで、スキルアップしていかなければならない。練習場所や時間、メンバーの確保においても、学生のように自由が利かないことが多い。そのため効率よく、テーマに沿った練習内容にすることが必須。

時間を短縮しつつ、数を多く打つにはマシンを使うことで、合理的な打球練習ができる。

またサーブ＆レシーブの練習は、多めに取り入れることがポイント。例えば練習が2時間なら「サーブを10分出す」「レシーブを10分受ける」、計20分はメニューに組み込む方が、上達がはやく実戦的な練習となる。

ポイント 1

サービス＆レシーブからの
攻撃を考えて練習する

　シニア・レディースの傾向として、サーブ＆レシーブの練習にあまり時間をかけない傾向がある。ラリーをつなげることからステップアップし、サービス（またはレシーブ）からの攻撃を考えた実戦的な練習を取り入れる必要がある。

ポイント 2

プレースタイルにあった
システム練習でレベルアップ

　試合で多く使う技術の組み合わせを反復してトレーニングするのがシステム練習。自分のプレースタイルにあった攻めのパターン、守備のパターンを構築し、その流れをシステムとしてを身につけておかないと試合では勝てない。

ポイント 3

条件つきゲームや１ゲーム
マッチで試合を想定する

　基本練習だけで終えてしまう人もいるが、これでは上達はのぞめない。条件付きゲームは、試合のシチュエーションを想定したゲーム練習。条件をつけることで、本番により近い実戦的な練習となり、試合に勝つためのコツをつかむことができる。

+1

スキルを考えた
実戦に近い球出し

　球出しする人は、相手のスキルに合った、技量より少し上のレベルのピッチや回転でボールを出すことを心がける。試合に近いボールを出すことが、実戦を意識することにつながる。甘いボールを強打する練習やできることだけを繰り返し、気持ち良い汗をかくだけが練習ではない。

コツ 39

スキルにあわせた
球出しで練習する

動きを入れながら、球出しエリアを制限し、
その場所を集中的にカバーする。

ポイント 1

台2分の1の対応力をつける

　フォアハンドの精度をアップする
練習法。台にタオルなどをおいて半
面のコートだけを使って打球する。
球出しに制限を設けることで、受け
る方はエリアを集中してカバーし、
ストロークに高い意識を持つことが
できる。ボールの威力と安定性を追
求する。

ネット近くから
ラケットを振る

　初心者の場合、まずはコートサイ
ドのネット近くで、しっかりラケッ
トを振る練習からスタート。ミスを
恐れて当てるだけ、入れるだけから、
ラケットを振る練習への意識づけを
することが大切だ。

ドライブを身につける

段階を経てドライブを
マスターする

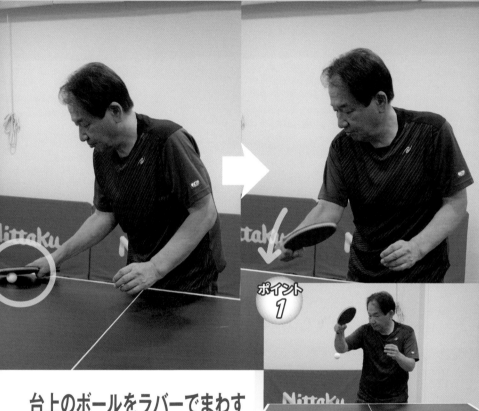

ポイント
1

台上のボールをラバーでまわす

　ドライブはボール上方をラバーで摩擦する打法。打球の瞬間、ボールにラケット面をぶつけてしまうと、強い回転がかかったドライブは打てない。まずは台の上にボールを置き、その上にラケットを被せて、ボールをラバーで「まわす感覚」をマスターする。

山なりのボールを
ドライブで打つ

　試合に近い強いボールからはじめるのではなく、「動かないボール」「緩いボール」など段階を経てスキルアップ。次に緩い球出しをドライブで返球する。山なりのボールをタメをつくって回転をかけて、長い時間、ラバーでこする感覚を身につける。

コツ 41

コースを打ち分ける

ターゲットを狙い コースに打ち分ける

まわりこんだフォアハンドでは、クロスだけ でなくミドル、ストレート打ちも練習する。

ポイント 1

3つのコースに打ち分ける

　球出しからのボールを返球する多球練習では、同じ場所ばかり狙うのでなく、コースを打ち分けるコントロールをつける。バックサイドでまわりこんだときは、クロスだけでなくミドル、ストレートも打てると得点率がアップする。ワンコースだけだと、相手に待ち伏せされてしまう。

雑巾などをターゲットにする

　球出しのボールをただ返すだけでなく、台上にタオルなどの目標物を置くことで、3つのコースとコントロールをしっかり意識する。球出しはピッチと回転を意識して、より実戦に近いボールを相手に打たせる。

コツ 42

大小フォームの使い分け

ボールの難易度にあわせて
フォームを変える

大きいフォーム

小さいフォーム

ポイント 1

フォームの大小を打ち分ける

　シニア・レディースでは、フォームが一つという人が多い。実戦では常に同じフォーム、同じピッチで打てるとは限らない。ミスの多くはフォームの大小の打ち分けができないことも原因。大きいフォームで打った後は、難しいボールに対して、フォームを小さくして返球する。1球ごとに打ち分ける練習が効果的。

難しいボールは
フォームを小さくする

　時間的に余裕があるときは、しっかりバックスイングをとって大きく振り切る。これに対し相手が上手に返球してきたときは、同じように振っていたらミスになる。難しいボールに対してはフォームを小さくする。

95

コツ 43

バックハンドの強化

足を使って
バックハンドから打つ

台から離れて打つ

台の近いところで打つ

ポイント 1

前後の動きとフォームの使い分け

　バックハンドはフォアハンドに比べて、打てる範囲（打球スペース）が狭い。そのためフットワークを使いながら、相手ボールに対してのフォームの使い分けがポイント。小刻みな動きをし、ストライクで打球すること。前後の動きとフォームの大小を使い分けて打つ練習を行う。

パターンを決めて取り組む

　台上の短い球の返球、下がっての大きいフォーム、普通のボールでそれぞれ打ち方を変える。「ショートを打ってからバックハンド」「ツッツキからのバックハンド」など、練習のなかでパターンを決めて取り組む。

コツ44

切り返しの練習

フォアハンドとバックハンドで連続攻撃する

フォアハンドで打つ

バックハンドで打つ

ポイント 1

次のショットをイメージして打つ

　ペンホルダーもシェークハンドも、バックハンドからフォアハンド、フォアハンドからバックハンドの切り返し練習をしよう。両ハンドでの連続攻撃が可能になることが目的。

　手打ちにならず、足と上半身の向きを変えることが大事。

フォアハンド後の バックハンドで強打する

　試合ではフォアハンドを打った後に、相手がバック側に返球してくることが多い。このパターンをマスターし、試合で相手を確実に追い込めるよう練習する。

コツ 45 多球練習

目的やテーマを持って効率よく練習する

攻撃タイプ

粒高ラバー

カットマン

練習者は打ち終わったら、
後方に下がり列に入り直す。

ポイント 1

マシンを使って多球練習をする

　1台のマシンを使って、戦型の違う選手が同時に練習することができる。例えば前進回転のボールに対しては、粒高ラバーが「①ブロック」攻撃タイプは「②フォアハンドからカウンタードライブ」カットマンは「③カットで変化をつける」など、順番に打ち返していく。

打ち方や本数を変えて練習する

　下回転のボールに対しては、粒高ラバーは「①プッシュ」、「②フォアハンドドライブ」、カットマンは「③ツッツキ」をする。3本打って交代、5本打って交代など本数やレベルに合わせてアレンジできる。

下回転対策（ツッツキ打ち）

コツ 46
下回転ボールの判断と対応力をあげる

切れていない

普通

切れている

ポイント 1

カット・ツッツキへの判断と対応

回転に応じてラケット面を調整する

　カットやツッツキに対して、ラケット面の角度を調整してインパクトすることが大事。下回転でもボールが「切れている」「普通」「切れていない」という３段階の判断に応じ、ラケット面を寝かせたり、立てたり、微調整をしないとミスが出る。写真のラケット角度の違いに注意。

カット・ツッツキへの判断と対応

　下回転に対しては、切れ具合の「判断と対応力」が重要。練習では、その点を意識してプレーする。球出しは、下回転のボールをランダムに三段階で出し、練習者は、それぞれに判断したラケット面で対応する。

苦手な戦型に対して対応力をつける

普通

切れている

切れていない

ポイント
1

下回転のボールを下回転で返す

ツッツキも同様に下回転対策を行う。特に相手がカットやツッツキで打ってきたボールは、「切れている」「普通」「切れていない」という3段階の判断に応じ、こちらも下回転で返すために、ラケット面を寝かせたり、立てたりして対応する。

粒高ラバー対策にも効果的

相手ボールの回転に応じたラケット面の角度を調整しないと、オーバーミスなどにつながる。粒高ラバーの対策においても、ラケット面を調整して返球することができると、粒高の変化にミスが出なくなる。

コツ 48

カウンターブロック

応用のブロックで回転をかけて返球する

守備的なブロック

攻撃的なブロック

ポイント 1

2種類のブロックで攻守にレベルアップ

ブロックには守備的なブロックと攻撃的なブロックの2種類がある。体の正面でとらえるブロックが基本。相手が打ってきたボールを待ち構えて、相手のボールの威力を利用しカウンターで打ち返すのが応用テクニックだ。ミート系とドライブ系の2種類がある。

基本をクリアしてから応用にチャレンジ

上回転系のボールをブロックで返す。基本の形ができてきたら、強いボールに角度出しなが自分からボールに回転かけるよう腕を使い、攻撃的なカウンターブロックにする。

コツ **49**

多球練習

多くのボールを打ち、
集中力とスタミナをアップ

スピーディーな動きで確実に打ち返す

　時間を有効に使えるのが、多球練習だ。ノッカーがスピーディーに球を出し、それを確実に返すことで、打ち方の基本を体に覚えさせる。弱点克服をテーマにしたり、得意な形を磨くため、しっかりと感覚をつかむ。システムを反復するのも効果的。

試合を想定したボールを打つ

　切れ間なく打ち込んでくる球を確実に打ち返す。上級者には、パターンを決めて、「フォア→バック→飛びつき→回り込み」あるいは「ツッツキ→ドライブ→バックハンド→スマッシュ」などのシステム練習にする。

102

ストローク練習

コースと高さを意識して
ストロークする

コースと高さを意識してストロークする

　決定打やその布石となるショットは、しっかりコントロールされた精度の高いボールが必要。コースに打ち分けることに加え、ネットに対しての高さも意識してストロークする。ペットボトルの高さギリギリに打つことで、相手に返球されにくいボールを目指す。

決定打への布石となるボール

　ここではサイドに切れていくボールを打つ練習。両側のサイドラインをターゲットにし、ミドルから横回転を入れて、カーブまたはシュートボールを打つことで、相手を大きく動かし、次の決定打につなげる。

コツ 51

試合で決まる、サービスのフォームづくり

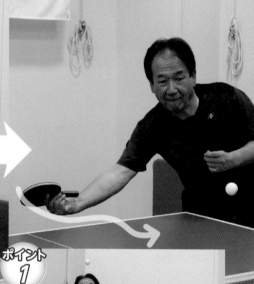

ポイント 1

切った後の動作をつくる

　サービスは回転を問わず、できるだけ同じフォームで打つことがポイント。フォロースルーでフェイクモーション入れ、相手を惑わす動きを入れたり、サービスの飛び方、スピードを同じにして、少しでもレシーバーの判断を遅らせる。

サービスに対して
相手の反応をチェック

　サービス練習も段階を経てステップアップする。最初は自分ひとりで行い、フォーム固めやキレ、精度にこだわる。思うように入るようになったら、レシーバーに入ってもらい、実戦的な練習のなかで相手の反応などをチェックする。

コツ 52

レシーブ練習

レシーブに横回転を入れて攻めに転じる

ストレート

ボールの右側を切ってスライス回転でストレートを狙う。

レシーブ攻撃

サービスが甘ければコースへ強打。

ポイント 1

レシーブ力を高めて攻撃力をアップ

　レシーブ力をアップするために、左右の横回転を入れることでレシーブの幅を広げる。横回転を入れてレシーブすることで、相手のサービスの威力を減らすことができる。安定性が増してレシーブ力がアップし、4球目攻撃で主導権を握ることができる。

サービスに対してさまざまな方法でレシーブ

　1つのサービスに対して何種類かのレシーブを練習する。ストップレシーブ、横回転を入れたツッツキ、フリック、チキータ、長いツッツキ、ドライブなどのレシーブを組み合わせ、甘いサービスを攻略する。

コツ
53

甘いボールは
攻めのボールを返す

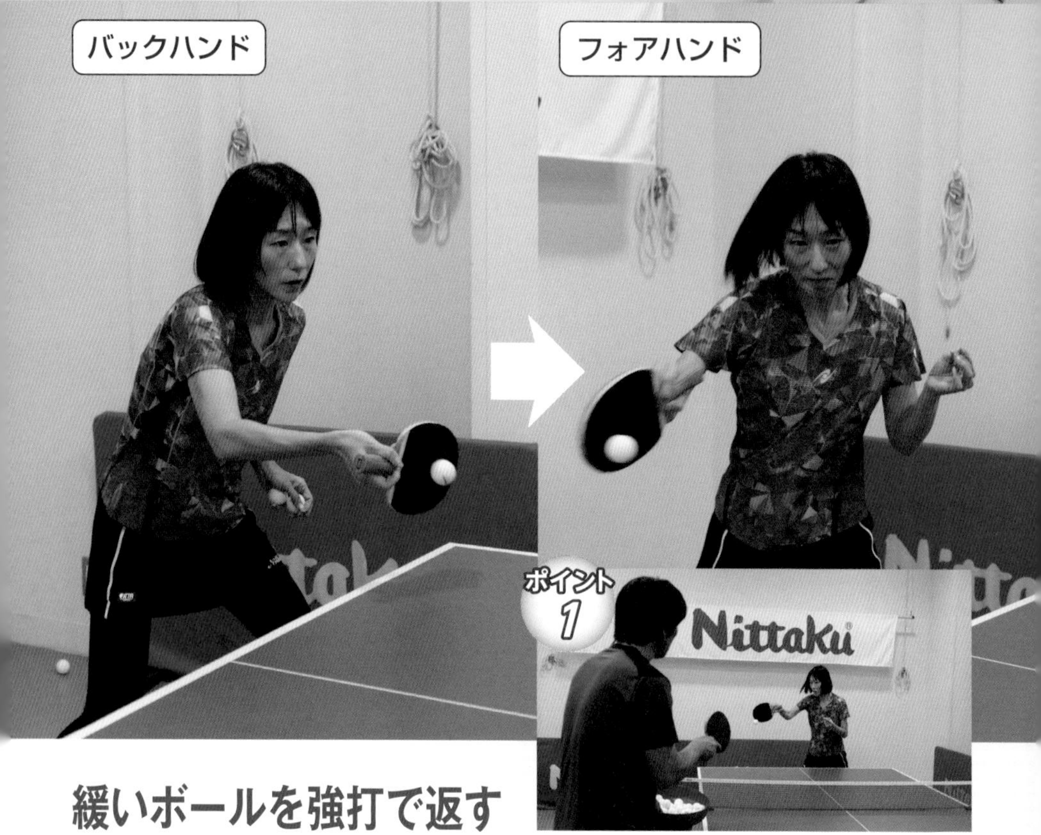

バックハンド

フォアハンド

ポイント
1

緩いボールを強打で返す

　粒高ラバー対策としては、緩いボールで粘る戦術が使われる。これに対して入れるだけでなく、強くヒットできないと、次のリターンで決められてしまう。粒高ラバーであっても相手のミス待ちだけでなく、チャンスボールは自分から球質を変えたり、攻める練習をする。

フォアハンドを重点的に
強化する

　ラバーについている粒の動きをコントロールしつつ、強く打つことは難易度が高いテクニック。多球練習では、粘る練習とフォアハンドからの攻撃的なショットを重点的に練習する。自分からも攻撃が仕掛けられるようになると戦術が広がる。

コツ **54**

カットマンの練習法

3種類のカットで
相手の狙いをかわす

①

② 浅いボールを返球
する。

③ すばやく下がって
カットで対応する。

④

ポイント **1**

失点パターンを練習で克服する

　カットマンは、前に寄せられた後の攻撃で失点するパターンが多い。そのための対応策として、ストップやツッツキで前に寄せられた後のカットでの対応力を磨く。フォアハンド、バックハンドともに高い精度を目指しつつ、両サイドとコーナー、ミドル処理も練習する。

複数の切り方を
マスターする

　カットの練習法はボールに対して、普通の「カット」だけでなく、「ナックルのカット」「横回転のカット」「ブチ切れ」などのカットが打てるようになると、ゲームでの対応力と得点力がアップする。

コツ 55

条件つきゲーム

接戦を想定した練習で緊張感に勝つ

実力差がある場合、強い選手にハンデをつけて練習する。コートの半面対全面、ロングサービスを出して相手の攻撃的なレシーブからスタートするなど方法は多数。

ポイント 1

緊張感あるゲームで本番に強くなる

プレッシャーに打ち勝つための練習として有効なのが、条件つきゲーム。例えば最終セットで9対9などの接戦を想定し、2点先取のゲームを行う。多少の実力差があっても「負けられない」というプレッシャーが自然と働き、緊張感を持ってゲームにのぞむことができる。

勝ち切るための試合運びを身につける

試合では「6-2、8-4」など、4ポイント差になるシーンが多く、そこからの逆転負けを経験したことも多いはず。油断できない得点差を勝ち切るための試合運びを身につける。

108

PART 6

弱点を克服
するための
Q&A

コツ 56

Q&A

弱点を克服して選手として スキルアップする

ボールに対して目とフリーキーハンドを近づけていくと、足が動いてくる。

「動けない」ときは上半身から動かしていく

年齢を重ねることで反射神経が衰え、ボールに対してすばやく動けないという声を聞く。

動けないという選手は、上半身が力み打ちたい方向に頭とフリーハンドが出ないのが特徴。「足を動かす」ことに意識を置き過ぎず、上半身から動き出すことで、足がついてくる。

ボールに「目とフリーハンド」を近づけることにより、重心が移動して足が動き、強く正確なストロークが可能になる。ここからは、シニア・レティースのアンケートで多く寄せられた質問に対し、考え方や対策をレクチャーしていく。

110

粒高ラバーの相手に勝つためには？

　粒高ラバーの特徴は、「無回転の飛んでこないボールが出せる」「回転がかかったボールは逆回転で返球できる」「強いボールは下回転で返球できる」という三つ。その点を理解した上で、こちらも準備しながら仕掛けていく。強いボールの連続強打を狙わない。バックへつなぎ、フォアへ攻める作戦が有効。

強弱と回転において
逆のボールを予測する

　サービスは切れば切るほど、回転の効いたレシーブとして返ってくるので、ナックル系の長いサービスが有効。

　こちらがツッツキや下回転で打つと、上回転のボールが返ってくるので、そのボールをミドルやフォアハンドを狙って打つ。緩い回転の少ないボールを出せば、甘いボールが返ってきやすい。台上やネット近くからの攻撃も有効。

　ナックルサーブ→軽打→ツッツキ→軽打→ツッツキの繰り返しで、まず粒高のボールを入れられるようにして苦手意識をなくす。そのラリーの中で、甘いボールはコースを変えて強打することができるように。次のボールへの準備と前後のフットワークがポイントになる。

苦手のカットマンを克服するには？

切れているボールに対して1つの打ち方しかできない選手は、カットマンに苦戦する。カットマンが打つボールを「切れている」「少し切れている」「切れていない（ナックル）」という3段階で判断することが大事。これに対応したラケット面で返球しないとミスにつながる。（99ページ、100ページ参照）

ラケット面の調整

ミドル攻め

ツッツキで粘って ミドルを攻撃する

カットマンのボールに対して、ツッツキやドライブで粘れることが基本。甘いカットは、ミドルに攻撃することが必要だ。チャンスボールはミドルを攻めることが大原則。カットマンの弱点は、フォアハンド側のミドル。また、前に寄せてからの強打、粘るボールを片側のコースに寄せてから、空いたコートへ強打も効果的な攻略法だ。また一発の強打に頼らず、一球目で崩し、二球目を狙う方が安全である。

粘るボールに長短と緩急をつける。
相手の深いカットは強打しないで、
浅いボールを攻める。

本番だと自分のペースで試合ができない

試合になると頭が真っ白になり、いつの間にか負けてしまった、という選手も少なくない。メンタル面（72ページ参照）の要素も少なくないが、「なぜ負けたのか」という部分を客観的に振り返ることも大事。ゲームのポイントをサービスからラリー、決定打までメモをとって、ミスの原因、不得意なコースやショット、得意なパターンを振り返ってみよう。

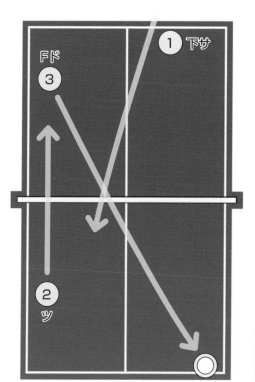

A ゲームのポイント経過をメモして振り返る

指導者や練習パートナーに試合のポイント経過をメモにとってもらう。メモは記号化して、コート図に書き込むと良いだろう。左図は三球目のフォアハンドドライブでの得点例。失点の形、得点のパターンを研究することで、試合の傾向が見えてくるはずだ。試合を映像に撮って、多いミスと失点、攻撃した際の得点率などを数値化して分析するのも有効だ。

①下回転サービス
②ツッツキレシーブ
③フォアハンドドライブ
◎ポイント（失点の場合は×）

Q 三球目・四球目を上手になりたい！

　サービスを1球目とすると、次のレシーブが2球目。サービスの次の3球目で攻撃をしかけていくことを「3球目攻撃」という。これは卓球のポイントの獲り方のセオリーといえる。1球目のサービスをどこに出せば、3球目で攻撃しやすいレシーブが返ってくるのか考えることからはじめてみよう。

　一方で相手の「3球目攻撃」をかわし、4球目（6球目）で攻撃を仕掛けるのが「4球目攻撃」。相手は3球目か5球目での攻撃を狙っているため、それを防ぐレシーブ力が必要となる。レシーブ技術に磨きをかけ、相手の攻撃を読んで、それをさせない工夫がポイント。

A1 ▶ 狙ったところに思い通りのサービスを出す

　ショートサービスからの攻撃、ロングサービスからの攻撃など数多くのパターンを身につけること。3球目で相手をしっかり崩しておいて、5球目を打ち込む「5球目攻撃」も有効的な攻撃方法。3球目・5球目のボールをうまく打てるように、攻撃パターンを練習しよう。

A2 ▶ 2球目レシーブを工夫して攻撃をかわす

　相手のサービスに対するレシーブが4球目攻撃のカギ。サービスに対して、相手が攻撃しにくいレシーブを心掛ける。相手のサービスへの判断力と対応力がポイント。3球目で相手が強打できない状況にしたところで、4球目は相手の苦手なところにつく一打が有効。

ミドルのコースを
効果的に狙う

　シングルスでは、3球目が重要になる。サービスを出す方もレシーブをする方も、サービスからの3球目攻撃を想定してラリーにのぞむ。相手の弱点をつく、攻撃やレシーブのパターンを予測する。相手の心理を読むことも大事。そのなかで狙い目となるのが、相手ボディを目掛けて打つ、ミドルコースだ。シェークハンドは、フォアとバックの切り替えが弱点。ミドルをついて、相手リターンをつまらせることにより、チャンスボールが返ってくる。

コースをついて
ストレートに打ち込む

　相手より先に攻めることに意識が向きすぎて、簡単なミスを犯すことがある。相手がいいリターンを返してきたときに、無理に強打しようとして、ミスにつながるのだ。攻撃するか、しないかを冷静に判断し、無理な攻撃をしないようにする。

　ストレートのコースを狙って、相手を大きく動かすこともポイント。クロス打ちよりも難易度が高くなるが、ラリーのなかにストレート打ちがあることで、相手との駆け引きにおいて優位に立てる。

Q レシーブ＆リターンから攻撃を仕掛けるには？

相手サーブに対するレシーブ、三球目攻撃に対するリターン、どちらも受けにまわると相手に攻め込まれてしまう。レシーブなら台上での強打、リターンならカウンターで返球するドライブを身につけたい。

A1

台上で強い横回転をかけてレシーブする

チキータは、バックハンドフリックより強い回転をかけたレシーブ方法。ボールに横回転がかかり、バナナのような曲線を描く。

サービスに対して、ボールを体の正面でとらえること。ヒジを高い位置において上腕を振り、手首を使ってラケットの頭を下に向ける。そこからボールを横斜め上へ、こするようにインパクトする。バックスイングでの手首とヒジの高さがポイントになる。

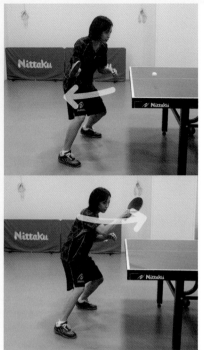

ボールに体を寄せて
はやいタイミングで返球

相手の攻撃に対してボールの威力を利用して、カウンター気味に返球することで、準備が整わない相手からポイントを奪う。

狙うときは相手ボールに対して、体を寄せ、はやいタイミングの打球点でインパクトすることがポイント。振り遅れやミートすることを意識するあまり、手打ちにならないよう注意し、打つときには、腰を捻ったバックスイングが、しっかりとれていることが理想だ。

インパクトの瞬間は力を入れ過ぎず、コンパクトなスイングでボールをヒットする。

バックハンドから
カウンタードライブを打つ

相手ボールのスピードと回転を利用して、カウンターのタイミングでボールをとらえる。バックハンドでもカウンターが打てるよう練習する。台に近づき、腰を落として手打ちにならないことが大切。相手ボールへの判断とそのボールの威力を利用する。

タイムアウトの効果的な取り方とベンチコーチの役割

Column

　試合中のタイムアウトは、いつ取るかというタイミングが大切。ゲーム全体の流れをつかんでタイムアウトを取ることで、勝利を引き寄せることができる。ベンチコーチは、以下のようなときにタイムアウトをとると効果的だ。ベンチコーチは、選手の技術的な長所・短所をしっかりと把握した上で、長所が活かせる戦略・戦術をアドバイスする。相手選手の弱点や技術的な特徴をいち早く分析しアドバイスをすることも大切。１分という短い時間で伝えるポイントを絞ることも重要だ。

①単調な試合運びになっているとき、なりそうなとき。
②同じ展開で失点が続いているとき。
③相手選手の作戦変更が成功しているとき、成功しかけているとき。
④選手が迷い始めているとき、迷いが出て戦い方や作戦がはっきりしていないとき。
⑤不注意な失点・凡ミスが続いているとき。
⑥明らかに集中力が欠けているとき。
⑦リードが詰まってきたとき (10-6、9-5、8-4、7-3、6-2 の４本リードから)。

PART 7

ダブルス強化の
考え方と練習法

コツ 57

ペアリング

1プラス1以上の力が出せる ペアをつくる

理想的なペアリングで持っている以上の力を出す

　シニア・レディースでは、ダブルス種目だけの大会も多い。団体戦においても重要で、チーム全体の勝敗を分ける可能性が高い。

　チームの中でどのような選手同士が、ペアを組むかが勝敗のカギを握る。ペアリングは、強い選手同士が組んでも機能するとは限らない。あ

くまで「1＋1＝2」が普通のペアであり、組み合わせによっては「1＋1＝2」以下になってしまうペアもある。それがダブルスの面白いところでもあり、難しいところでもある。目指すのは「1＋1」が2以上、3や5という強いペアだ。

ポイント 1

性格面を考えて
ペアリングする

　ペアを組む二人の性格の相性と、プレースタイルの相性が大事。性格であれば、いわゆる気が合う二人がベター。相手を立てる、相手を大事にする性格の二人が組むと、練習、試合などの苦しい場面で、励まし合ったり、相談することができる。

ポイント 2

違うタイプ同士の
選手が機能しやすい

　試合がコートの半面からはじまるという特性上、サーブ・レシーブの上手い選手のペアが理想。交互に打球するので、動きの速い選手が良い。勝気な選手同士は単調な試合になり、おとなしい選手同士は、消極的な試合になりがちで、上手くいかない。

ポイント 3

お互いの良さを
引き出し強いペアをつくる

　攻撃一辺倒の選手同士が組むとプレーが荒くなりがち。丁寧にボールを扱いチャンスをつくる選手と、強気で決定打を打てる選手が組むと良い。試合運びでも冷静な選手と、勢いとガッツがある選手が組んでお互いの良さを引き出すこともある。

プラスワン +1

相手ペアの実力を
見極めて試合を進める

　対戦相手の特徴の把握し、どこが強いか、弱点はどこかを見極め、技術の劣る選手を狙うことがポイント。逆に強い選手の持ち味を出させないことも大切だ。ダブルスではクロスを待たれて、狙われることが多い。ストレートをうまく攻めることが大事。

レシーブからの展開

ペアが前後に動いて 強いボールを返す

レシーブで相手に主導権を与えない

　シングルと違い、レシーブがコートの半面に限定されているため、レシーブの出来が試合を左右する。レシーブミスを減らすこと。3球目攻撃されないツッツキやストップ、フリックの精度、レシーブから攻撃できる強打のドライブとチキータを練習しておく。

　どちらもボールに早く寄ること。打つときの前、打った後の後ろの「前後の動き」がポイントになる。相手のサーブの回転をしっかりと判断し、ときには攻撃的なレシーブで対応。ラリー中に不利になったときは、つなぎのショットで対応する。

ダブルスのシステム練習

コツ 59

足を動かしペアの打球スペースを確保する

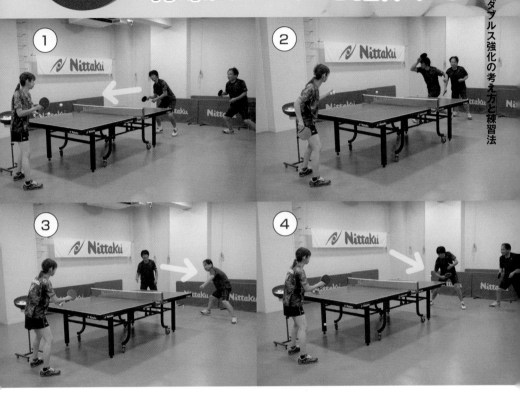

① ② ③ ④

交互にスムーズな打球ができるよう動く

　ペアの打球スペースをとるための横方向への移動もポイントになる。システム練習に多く時間をかけて、相手ボールに対して、ペアが交互に打球に入る動きを体に覚え込ませる。

　システム練習では、自分たちのサービスから、三球目、五球目、七球目まで行う。

　レシーブでは、ストップやフリックしてからの四球目攻撃、ツッツキしてからの攻撃パターン、レシーブのツッツキを攻撃されたときの守備の対応も練習する。

コツ 60

４つのシチュエーションから攻撃を組み立てる

サービスは長さで長・中・短、コースは、センターライン、サイドラインがあり、回転の上下、横、斜めを入れて相手を惑わす。

精度の高いサービスから主導権を握る

ダブルスは、自分のサービスとパートナーのサービス、自分のレシーブとパートナーのレシーブという４つのシチュエーションがある。練習では、４つのサービス＆レシーブからの動きを確認し、得意なパターン、苦手な状況を把握しておく。

特にダブルスは、コート半面から

ゲームがスタートするため、サービスの精度が重要。まずは簡単にレシーブで先手をとられないこと。相手に慣れられたときに流れを変える「ロングサーブ」、さらに「今までと逆の横回転のサーブ」「ここ一番のエースサーブ」があると心強い。

ポイント1

下回転とナックルを組み合わせる

　短い下回転サーブを出し、相手にツッツキレシーブをさせ、3球目攻撃。また同じ長さの切れていないサーブ（ナックル）は、ツッツキを浮かせて3球目攻撃することができる。どちらも同じモーション、同じタイミング、同じ飛び方だと効果的。

ポイント2

横回転と斜め下回転のコンビネーションでサービス

　台からツーバウンドで出ない横回転サーブで相手のツッツキレシーブのオーバーミス、浮いたところの3球目を狙う。また横回転と同じ長さでの斜め下回転サーブで、ネットミスと甘いレシーブを狙う。同じモーション、タイミング、飛び方だと効果大。

ポイント3

長いサーブを使って相手の意表をつく

　ロングサーブは、短いサーブを慣れさせないために必要。オーバーミスや合わせただけのレシーブを引き出すことができる。出す位置は、ミドルとサイドラインのコートの2か所。下回転ロングサーブは、レシーブで強打できない選手に対して有効。

プラスワン +1

回転を見極めて適したレシーブをする

　レシーブでは、相手のサーブの回転をしっかりと判断できることが大事。どれだけ下回転が入っているか、長さにあわせて適したレシーブ技術を選択する。チャンスがあれば、攻撃的なレシーブで相手を追い込み、次のパートナーに決定打を託す。

■協力 **Nittaku**

総合卓球専門メーカー。正式名称は「日本卓球株式会社」。略称・ブランド名「Nittaku（ニッタク）」。

日本製唯一の国際公認ボールをはじめ、ラバー、ラケット、卓球台、ウェア、シューズ等の企画開発・製造・販売。卓球教室や競技大会「ニッタク杯」を全国で開催、障がい者卓球の普及にも注力している。

https://www.nittaku.com/

■モデル協力

上列左から時計まわりに島村美恵、相川美保、湯浅美保、高石さおり、平屋泰夫、井置節子、監修者、平岡可奈之

■監修者

長谷部攝（はせべ　ただし）
湘南工科大学附属高校卓球部総監督（令和2年まで）
同高校校長（令和元年3月まで）
日本卓球株式会社契約コーチ（令和元年〜）
日本知的障がい者卓球連盟コーチ（令和2年〜）

高校時代インターハイ学校対抗優勝・ダブルス3位
青山学院大学卒業後、母校の湘南工科大学附属高校社会科教諭・卓球部顧問として高校生の指導にあたる。夏のインターハイ神奈川県予選、秋の全国選抜大会神奈川県予選（新人戦）の団体戦において、監督として30年間無敗の記録を達成した。
インターハイ、全国選抜大会、国民体育大会、全日本選手権などの全国大会に100回以上監督として参加している。
平成22年文部科学大臣優秀教員表彰、平成17年神奈川県体育功労者表彰を受けている。現在は、神奈川県を中心としてジュニア、シニア、レディース、指導者などの幅広い年代に卓球を指導している。一般社団法人日本知的障がい者卓球連盟のコーチ・日本卓球株式会社契約コーチも勤めている。

■写真提供

ニッタクニュース

マスターズで勝つ！大人の卓球
戦術とテクニックを磨く

2021年 3月5日 第1版・第1刷発行

監修者　長谷部　攝（はせべ　ただし）
協　力　Nittaku（にったく）
発行者　株式会社メイツユニバーサルコンテンツ
　　　　（旧社名：メイツ出版株式会社）
　　　　代表　三渡　治
　　　　〒102-0093 東京都千代田区平河町一丁目 1-8
印　刷　三松堂株式会社

© ギグ,2021.ISBN978-4-7804-2436-2 C2075 Printed in Japan.

ご意見・ご感想はホームページから承っております
ウェブサイト　https://www.mates-publishing.co.jp/

編集長：折居かおる　副編集長：堀明研斗　企画担当：堀明研斗